U0805473

全国高等院校医学实验教学规划教材

有机化学实验

第3版

主　编　夏　阳

副主编　崔静瑕

编　委（按姓氏笔画排序）

王玉玲　刘玉艳　刘建玲

周　璐　赵海阳　钟　阳

夏　阳　崔静瑕

科学出版社

北京

内 容 简 介

本书在选材上以经典、实用为出发点，在编写过程中注意基础，在有机化学实验基础知识部分，重点介绍了有机化学实验中常用的仪器，实验方法与技术，包括熔点与沸点测定、蒸馏、分馏、减压过滤、水蒸气蒸馏、加热和冷却、萃取和洗涤、重结晶、色谱的基本操作的原理与方法。实验部分设计的实验项目包括有机物物理常数的测定及元素检定、有机物的分离与提纯、有机合成及制备、性质实验及学生设计实验，并融入了双语教学内容，增加了英文对照实验。书后附有部分实验中常见试剂的配制方法以供参考。

本书可作为高等医药院校五年制和七、八年制的临床、基础、预防、护理、口腔、药学、检验及信息等各专业的教材，也可供相关研究人员参考。

图书在版编目（CIP）数据

有机化学实验 / 夏阳主编. —3 版. —北京：科学出版社，2017.1
全国高等院校医学实验教学规划教材
ISBN 978-7-03-051526-1

Ⅰ. ①有… Ⅱ. ①夏… Ⅲ. ①有机化学-化学实验-医学院校-教材 Ⅳ. ①O62-33

中国版本图书馆 CIP 数据核字(2017)第 006754 号

责任编辑：朱 华 / 责任校对：李 影
责任印制：赵 博 / 封面设计：陈 敬

科学出版社 出版
北京东黄城根北街 16 号
邮政编码: 100717
http://www.sciencep.com

中煤（北京）印务有限公司印刷
科学出版社发行 各地新华书店经销

*

2011 年 1 月第 一 版 开本：787×1092 1/16
2017 年 1 月第 三 版 印张：7 1/4
2025 年 1 月第七次印刷 字数：163 000

定价：32.00 元

第 3 版前言

有机化学实验是医药学科学生必修的课程之一。有机化学是以实验为基础的学科，有机化学的理论、原理和方法都是在实践的基础上产生，又依靠实验与实践的结合而发展的。有机化学实验的主要目的是通过实验加强学生对有机化学理论的感性认识，训练学生掌握有机化学实验的基本操作技能，促进学生掌握有机化合物合成、分离、鉴定的基本方法，提高学生分析和解决实验过程中实际问题的能力。同时，有机化学实验也是培养学生理论连系实际的工作作风，实事求是、严谨求实的科学态度与良好工作习惯的一个重要环节。为了适应新世纪本学科发展的需要，培养学生获取知识的能力及培养学生的综合能力与素质，按照“教学大纲”的要求，根据作者的教学经验，并结合国内外相关的有机实验教材和参考书，组织编写了这本书《有机化学实验》教材。

本教材是提供高等医学院校各层次学生使用的有机化学实验教材。

本书内容分上下两篇：上篇有机化学实验基础理论，简单介绍了有机化学实验中常用的仪器，实验方法与技术；下篇有机化学实验，总计收入 35 个实验及 9 个英文对照实验，其中包括有机物物理常数的测定及元素鉴定、有机物的分离与提纯、有机合成及制备、性质实验、与有机化合物相关的仪器分析实验及学生设计实验。

本书由中国医科大学化学教研室组织编写，由夏阳主编（编写第一、二、三、九章及附录 2），王玉玲（编写第四章）、崔静瑕（编写第五章）、刘建玲（编写第六章），赵海阳（编写第七章）、周璐（编写第八章）、钟阳（编写第十章）、刘玉艳（编写附录 1）参编。

限于编者的水平，本书的疏漏和错误之处在所难免，恳请读者批评指正。

编　者

2016 年 11 月

第1版前言

本教材是供医药院校各专业学生使用的有机化学实验教材。

有机化学实验是医药学科学生必修的课程之一。为了适应21世纪本科学发展的需要，培养学生获取知识的能力及培养学生的综合能力与素质，按照“教学大纲”的要求，根据作者的教学经验，并结合国内外相关的有机实验教材和参考书，组织编写了这本《有机化学实验》教材。

本书内容编排由浅至深，分为上、下两篇。上篇为有机化学实验基础知识，简单介绍了有机化学试验中常用的仪器，实验方法与技术；下篇为实验部分，总计收入 31 个实验及6个英文对照实验，其中包括有机物物理常数的测定及元素检定、有机物的分离与提纯、有机合成及制备、性质实验及学生设计实验。

本书由夏阳主编（编写上篇及第八章、附录2和第九章的部分实验并绘制全部插图），崔静瑕（编写第四章及第九章的部分实验）、李晓娜（编写第五章及第九章的部分实验）、王玉玲（编写第六章及第九章的部分实验）、刘建玲（编写第七章及第九章部分实验）参编，刘玉艳编写了附录1部分。教研室主任张喜轩教授审阅了全书，并提出了宝贵的意见。

由于编者的水平及能力所限，本书的疏漏和错误之处在所难免，敬请广大师生和读者不吝赐教。

编　者

2010年11月

目　录

上篇　有机化学实验基本理论

第一章　绪论……1
第一节　实验室安全规则……1
第二节　有机化学实验规则……1
第三节　实验预习、实验记录和实验报告……2
第二章　常用玻璃仪器及其他制品……4
第一节　常用玻璃仪器及其应用范围……4
第二节　实验室常用制品……7
第三章　有机化学实验基本操作……10
第一节　常用仪器的清洗和干燥……10
第二节　加热与冷却……11
第三节　有机化学实验常用基本操作……11

下篇　有机化学实验

第四章　有机化合物的物理常数测定及元素检测……27
实验一　固体物质熔点的测定……27
实验二　液体物质沸点的测定……30
实验三　有机化合物中氮元素的检测……31
实验四　有机化合物中硫元素的检测……32
实验五　有机化合物中卤素的检测……33
实验六　阿贝（Abbe）折光仪的使用……34
实验七　用旋光仪测定葡萄糖、果糖的含量……36
第五章　有机物的分离与提纯……39
实验八　乙醇的蒸馏……39
实验九　萘与萘酚混合物的分离……41
实验十　两种染料混合物的分离——柱色谱法……43
实验十一　氨基酸的分离和鉴定（纸色谱法）……44
实验十二　反-偶氮苯和顺-偶氮苯的分离（柱色谱）……45
实验十三　顺、反-偶氮苯的比较（薄层色谱）……47
实验十四　三种色素的薄层色谱……48
第六章　有机合成及制备……49
实验十五　甲苯氧化制备苯甲酸……49

实验十六　乙酸乙酯的制备 …… 51
实验十七　乙酰苯胺的制备及其精制 …… 53
实验十八　乙酰水杨酸的制备及其精制 …… 55
实验十九　碘仿的制备 …… 57
实验二十　从茶叶中提取咖啡因 …… 58
实验二十一　从橙皮中提取柠檬烯 …… 60
第七章　性质实验 …… 62
实验二十二　烃类实验 …… 62
实验二十三　醇和酚的实验 …… 63
实验二十四　醛和酮的实验 …… 64
实验二十五　羧酸和羧酸衍生物的实验 …… 66
实验二十六　脂类化合物实验 …… 68
实验二十七　碳水化合物的实验 …… 69
实验二十八　含氮有机化合物的实验 …… 70
实验二十九　蛋白质的实验 …… 72
第八章　仪器分析实验 …… 73
实验三十　苯甲酸红外光谱测定 …… 73
实验三十一　气相色谱法分析苯及其同系物 …… 75
实验三十二　HPLC 法测定复方阿司匹林药物中的有效成分 …… 77
实验三十三　紫外光谱分析法对有机化合物的鉴定 …… 80
第九章　学生设计实验 …… 82
实验三十四　未知有机物的检定（Ⅰ） …… 82
实验三十五　未知有机物的检定（Ⅱ） …… 83
第十章　对照试验（英文版） …… 84
Experiment 1　Determination of Melting Point …… 84
Experiment 2　Ethanol Distillation …… 87
Experiment 3　The Synthesis of Benzoic Acid by Oxidating Toluene …… 90
Experiment 4　Extraction of Caffeine from Tea …… 92
Experiment 5　Preparation of Acetylsalicylic Acid (Aspirin) …… 95
Experiment 6　Extraction of Limonene from Orange Peel …… 98
Experiment 7　Separation and Identify of Animo Acid（Paper Chromatography） …… 101
Experiment 8　Nature Experimen I …… 103
Experiment 9　Nature Experimen Ⅱ …… 106
参考文献 …… 108
附录
附录 1　性质实验中部分试剂的配制方法 …… 109
附录 2　几种糖脎的结晶形状

化学是一门以实验为基础的学科，重视和学好这门课程，对于培养医学人才起着十分重要的作用，为了保证实验安全，顺利地进行，培养学生良好的实验习惯和严谨的科学态度。在学生进入实验室之前，一定要认真学习和掌握好化学实验的基本知识。

上篇　有机化学实验基本理论

第一章　绪　　论

第一节　实验室安全规则

进行有机化学实验，经常要处理易燃、易爆的物质及浓酸、浓碱和有毒物质，如使用不当，就有可能引起着火、爆炸、烧伤、中毒事故。因而，**必须严格遵守下列各项规则：**

（1）装有易燃物质的容器不得靠近火源。

（2）易燃溶剂不得用开口容器（如烧杯）盛放。加热乙醚、汽油、苯等易燃液体应使用装有冷凝器的烧瓶。回流或蒸馏液体时应放沸石，以防止液体因过热爆沸而冲出容器。

（3）使用易燃和与空气混合易爆的气体如氯气、乙炔时要保持室内空气畅通以降低这类物质的浓度。

（4）使用有毒药品应认真操作，切勿让有毒药品沾及五官或伤口。操作后应立即洗手。

（5）混合浓硫酸和水、乙醇等时，应将硫酸分成数份，每次以一小部分注入后者中。千万不可将乙醇、水等注入浓硫酸。

（6）如实验中有机溶剂燃烧起火、首先立即熄灭所有火源。关闭煤气、切断电源，并将易燃物质移走。少量（几毫升）溶剂起火，可任其烧完。如果燃着的液体量较大或洒在桌上时可用干砂扑灭。若衣服着火，切勿奔跑，可用厚的外衣包裹使其熄灭。

（7）酸或碱洒在皮肤或衣物上，可用大量水冲洗，灼伤较重应立即就医。

（8）皮肤被酚、溴烧伤时，速用酒清等溶剂将酚、溴洗掉。

（9）实验室的任何物质不得用口尝。检验气味时不得吸入大量被检物质放出的蒸气。禁止在实验室内吃食物、喝饮料等。

第二节　有机化学实验规则

1. 课前必须作好实验预习，详细阅读教材，了解实验的目的和要求，明确各步操作的目的、原理和方法。

2. 实验前要检查仪器是否完整、有无缺损。

3. 进行实验时要做到认真操作、仔细观察实验发生的各种现象和积极思考出现的问题，并将观察到的现象及实验数据如实的及时记录下来，不许事后作“回忆录”。

4. 在实验记录中不允许有丝毫的主观愿望的成分。尽管与预期实验效果相反，也应如实的记录下来，再进行科学分析或重复操作，找出原因。

5. 记录的实验数据不可模糊不清。例如，“加热数分钟”不能表达出实验时加热几分钟，应记录实验操作具体的时间数。

6. 实验中所用器材和药品用后立即按原样放回原处，不得随意搬家。

7. 实验课不得喧哗、嬉笑，保持安静的实验环境。

8. 实验完毕，整理和归纳实验结果，分析实验现象，写出实验报告是完成实验工作的重要环节。完整的实验报告应包括：实验题目、实验目的、实验原理、仪器装置和药品、实验方法，实验结果和实验讨论等内容。其中讨论项目对初学者来说常感困难。它应包括：实验后的心得体会、讨论实验结果、分析出现问题、评价实验方法和提出改进实验的设想等。但绝不是实验中出现差错的检讨书。

9. 保持实验室整洁，实验时做到桌面、地面、水槽和仪器四净。实验完毕，应将实验台按原样整理好，关闭水、电源及煤气，须经教师同意方可离开实验室。

10. 组织同学轮流值日，值日生的职责是整理公用仪器，清扫实验室，倒垃圾，检查水、电、煤气，关好门窗。

第三节　实验预习、实验记录和实验报告

有机化学实验是一门实践性课程，是培养学生独立工作能力的重要环节。因此，要达到实验预期目的，做完每一次实验都有所收获，必须做到实验前预习，实验过程中做好实验记录，实验结束后认真进行总结，完成实验报告。

一、实验预习

实验之前学生必须进行预习，并写好预习报告，做到心中有数。实验预习是有机化学实验的重要环节，未进行预习的学生不能进行实验。

实验预习要求：

（1）明确实验目的。

（2）明确实验原理，写出主反应及可能的副反应的反应式。

（3）熟悉实验所需要的仪器和药品。列出仪器名称、规格；根据实验内容从手册、参考书或其他文献资料中查出反应物和产物的物理常数，如分子量、性状、折射率、相对密度、熔点、沸点、溶解度等。

（4）画出主要反应装置图。

（5）写出操作步骤或实验流程。

（6）对于将要做的实验中可能会出现的问题（包括安全和实验结果），要明确防范措施和解决办法。

二、实验记录

实验记录是原始数据，必须重视！

实验记录是研究实验过程、书写实验报告和分析实验成败的依据。因此，实验时一定

要仔细观察并如实记录实验全过程。在实验过程中，必须养成一边实验一边直接在记录本上记录的习惯，不得事后补记或转抄。记录的内容包括实验全部过程，如加入药品的数量，仪器装置，每一步操作时间、内容和所观察的现象。记录要求实事求是，准确反映真实的情况，以便作为总结、讨论的依据，做好实验记录是培养科学作风及实事求是精神的一个重要环节。

三、实验报告

实验报告书写的内容包括以下八方面：

（1）实验目的（包括合成原理与主要实验技能训练两个方面）。

（2）实验原理（包括原理和反应式，主反应及可能的副反应）。

（3）仪器和试剂（主要仪器的名称和规格；主要试剂及产物的理化常数，主要试剂用量及规格）。

（4）实验装置图。

（5）实验步骤或实验流程图。

（6）实验记录（时间、操作、现象及注释）。

（7）结果与讨论（产物物理状态、产量、产率以及最后总结讨论）。

对合成实验，产率的高低和产品质量的好坏常常是评价一个实验结果及考核学生实验技能的重要指标之一。

$$产率=（实际产量/理论产量）\times 100\%$$

实际产量是指实验中实际得到的纯粹产物的质量，简称产量。理论产量是假定反应物完全转化成产物，根据反应方程式计算得到的产物质量。

实验讨论是根据实验结果对实验过程进行评价、分析和总结。

（8）思考题（巩固实验理论和关键操作应重点关注的问题）。

实验报告是根据实验记录对实验过程进行整理、总结，对实验中出现的问题从理论上加以分析和讨论，是感性认识提高到理论认识的必要步骤，也是完整的科学实验中不可缺少的重要组成部分。

（夏 阳）

第二章 常用玻璃仪器及其他制品

第一节 常用玻璃仪器及其应用范围（表 2-1）

表 2-1 常用玻璃仪器

名称	应用范围	注意事项
 试管	用作少量试液的反应容器，便于操作和观察	1）加热后不能骤冷 2）盛试液不能超过试管的 1/3～1/2 3）加热时用试管夹夹持，管口不要对人
 烧杯	反应容器 反应物较多时用，亦可配制溶液，溶样等	1）可加热至高温 2）加热时底部垫石棉网
 锥形瓶	反应容器摇荡比较方便，适用于滴定操作	可以垫石棉网加热
 滴管	吸取或滴加少量液体（数滴） 吸取沉淀的上层清液以分离沉淀	1）滴加时保持垂直，避免倾斜，尤忌倒立 2）管尖不可接触其他物体以免玷污
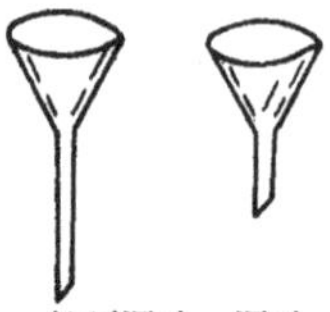 长颈漏斗、漏斗	长颈漏斗用于定量分析、过滤沉淀、短颈漏斗用作一般过滤	不能用火直接加热

续表

名称	应用范围	注意事项
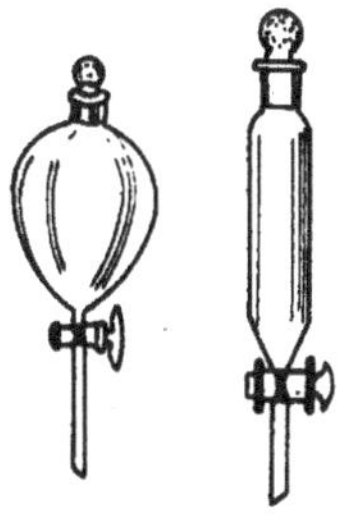 分液漏斗、滴液漏斗	1）往反应体系中滴加较多的液体。 2）分液漏斗用于互不相溶的液-液分离	活塞应用细绳系于漏斗颈上，或套以小橡皮圈防止滑出跌碎
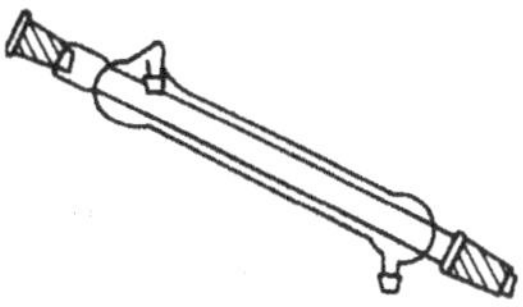 直形冷凝管	直形冷凝管适用于蒸馏物质的沸点在140°以下	
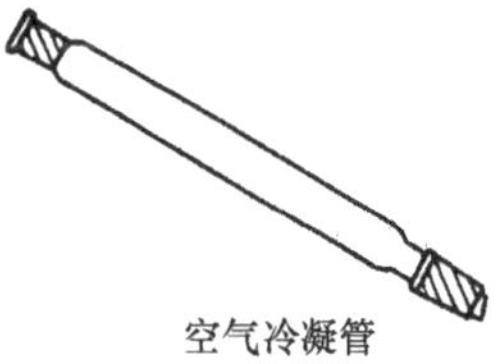 空气冷凝管	空气冷凝管适用于蒸馏物质的沸点高于140°	
 球形冷凝管	球形冷凝管适用于加热回流的实验	
 表面皿（表面玻璃）	盖在蒸发皿或烧杯上以免液体溅出或灰尘落入	不能用火直接加热，直径要略大于所盖容器
 研钵	研磨固体物质时用	1）不能做反应容器 2）只能研磨，不能敲击 3）不能烘烤
 干燥器	存放样品，以免样品吸收水气	1）使用前要检查干燥器内的干燥剂是否失效 2）磨口处涂适量凡士林

续表

名称	应用范围	注意事项
 圆底烧瓶	用于反应、回流、加热和蒸馏	
 三口烧瓶	用于同时需要搅拌、控温和回流的反应	
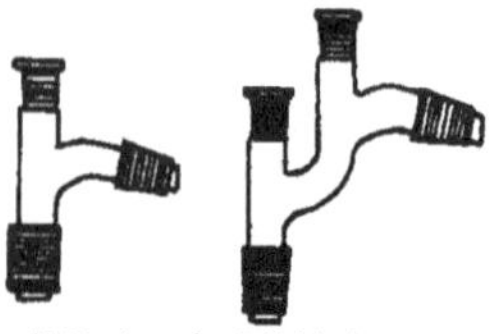 蒸馏头、克氏蒸馏头	与圆底烧瓶组装后用于蒸馏	蒸馏头用于常压蒸馏，克氏蒸馏头用于减压蒸馏
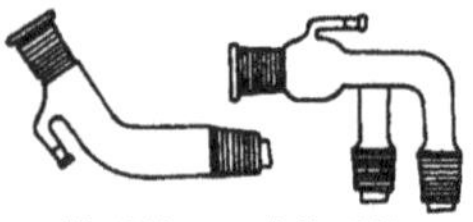 接引管、双头接引管	用于蒸馏	
 抽滤瓶	用于减压过滤	不能用火直接加热
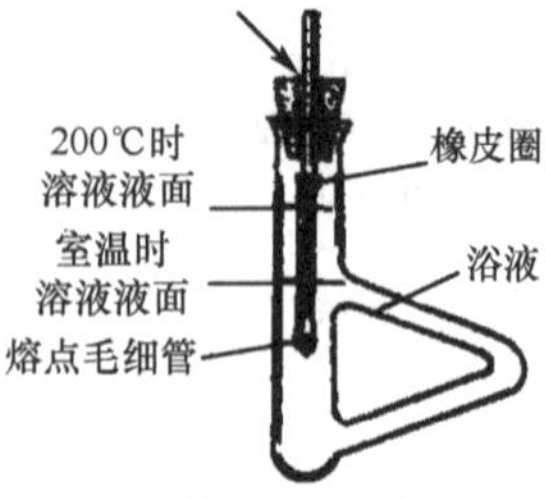 提勒管(Thiele 管)	用于熔点测定	内装石蜡油、硅油或浓硫酸

第二节　实验室常用制品（见表 2-2）

表 2-2　实验室常用制品

名称	用途	注意事项
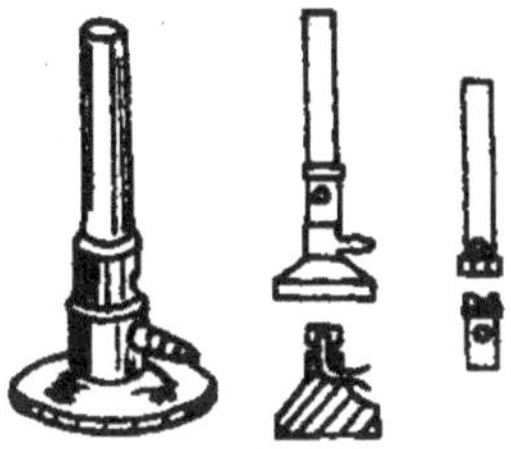 煤气灯	用于加热	
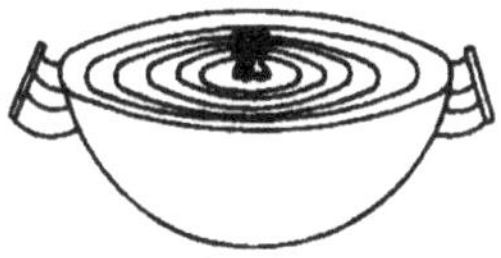 水浴锅	用于要求受热均匀而温度不超过 100℃的物体的加热	1）注意不要把水浴锅烧干 2）严禁把水浴锅作砂浴盘使用
 石棉网	加热玻璃反应容器时垫在容器的底部，能使加热均匀	不要与水接触，以免铁丝锈蚀，石棉脱落
 双顶丝	用来把万能夹或烧瓶夹固定在铁架台的垂直圆铁杆上	
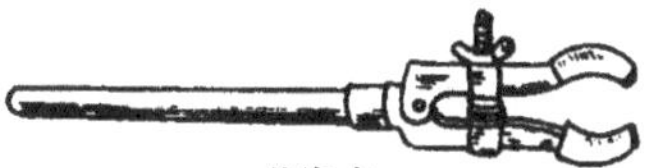 烧瓶夹	用于夹住烧瓶的颈或冷凝管等玻璃仪器	头部套有耐热橡皮管以免夹碎玻璃仪器
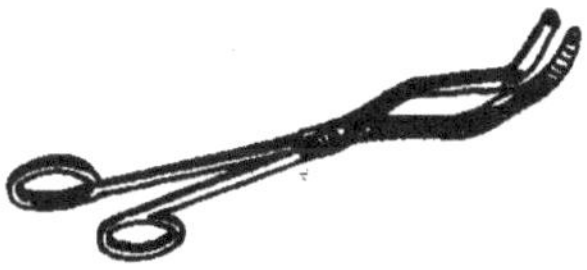 坩埚钳	夹持坩埚和坩埚盖	1）不要和化学药品接触，以免腐蚀 2）放置时，应令其头部朝上，以免玷污 3）夹持高温坩埚时，钳尖需预热
 试管夹	用于夹拿试管	防止烧损（竹质）或锈蚀

续表

名称	用途	注意事项
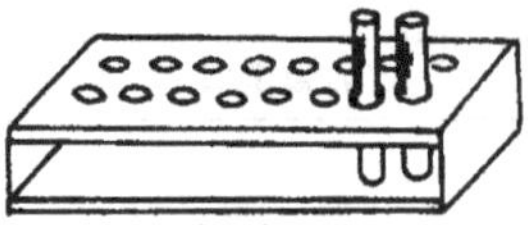 试管架	用于放置试管	
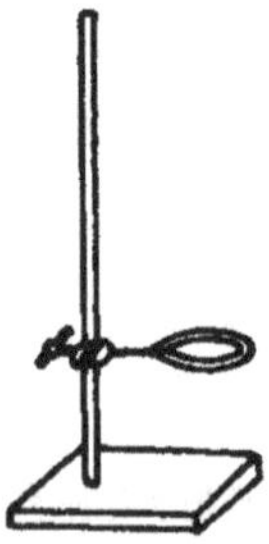 铁架台、铁环	用于固定放置反应容器。铁环上放石棉网，可用于放被加热的烧杯等仪器	
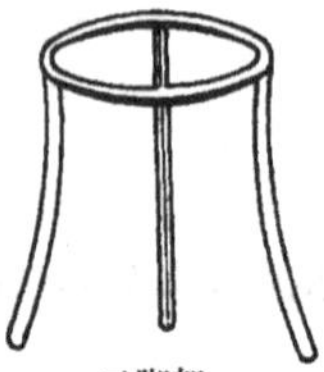 三脚架	放置较大或较重的加热容器	
 试管刷	洗涤试管及其他仪器用	洗涤试管时，要把前部的毛捏住放入试管，以免铁丝顶端将试管底戳破
 药匙	取固体试剂时用	1）取少量固体时用小的一端 2）药匙大小的选择，应以盛取试剂后能放进容器口内为宜
 点滴板	用于点滴反应，一般不需分离的沉淀反应，尤其是显色反应	1）不能加热 2）不能用于含氢氟酸和浓碱溶液的反应
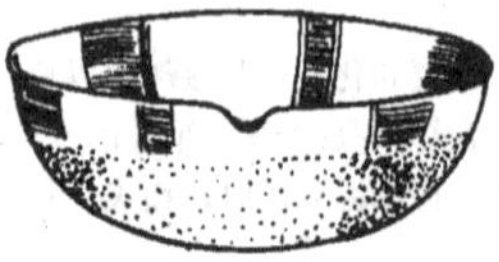 蒸发皿	用于蒸发、浓缩	可耐高温，能直接用火加热，高温时不能骤冷
 坩埚	用于灼烧固体	1）灼烧时放在泥三角上，直接用火加热，不需用石棉网 2）取下的灼热坩埚不能直接放在桌上。而要放在石棉网上 3）灼热的坩埚不能骤冷

续表

名称	用途	注意事项
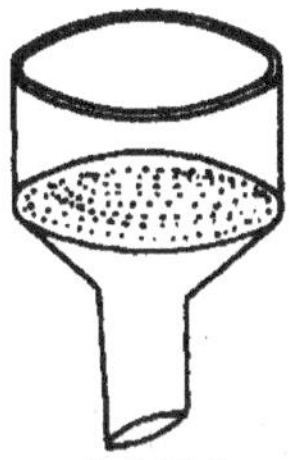 布氏漏斗	用于减压过滤	

（夏　阳）

第三章　有机化学实验基本操作

第一节　常用仪器的清洗和干燥

一、仪器的洗涤

清洁的实验仪器是实验成功的重要条件，也是化学工作者应有的良好习惯，清洗的目的是为了避免杂质进入反应体系，确保实验顺利进行。

1. 洗涤　一般方法是用水、洗衣粉、去污粉刷洗。刷子是特制的，如试管刷、烧杯刷、冷凝管刷等。若用上述物质难以洗净时，则根据污垢的性质采用适当的洗液或其他方法进行洗涤。

（1）铬酸洗液：这种洗液氧化能力很强，对有机污垢破坏力很大，可洗去碳化残渣等有机污垢。

（2）盐酸：可以洗去附着在器壁上的二氧化锰或碳酸盐等污垢。

（3）碱液和合成洗涤剂：配成浓溶液即可。用以清洗油脂和一些有机物（如有机酸）。

（4）有机溶剂洗涤液：工业碱的工业酒精溶液常常是洗涤有机污垢的良好洗涤液。由于有机溶剂价值较高，同时存在一定的危险性，只在特殊条件下可使用。

（5）超声波：有机实验中常用超声波清洗器来洗涤玻璃仪器，其优点是省时又方便。只要把用过的仪器放在配有洗涤剂的溶液中，接通电源，利用声波的振动和能量，即可达到清洗仪器的目的。

2. 清洁　上述方法清洗过的仪器，再用自来水冲洗干净并根据需要用去离子水冲洗2～3遍。

器皿是否清洁的标志是：加水倒置，水顺着壁流下，内壁被水均匀润湿有一层既薄又均匀的水膜，不挂水珠。

二、玻璃仪器的干燥

进行实验时，不仅需要清洁的仪器，同时需要将仪器进行干燥。因此，洗涤和干燥玻璃仪器是进行实验的一个良好习惯，干燥玻璃仪器的方法有以下几种。

1. 自然风干　将洗净仪器倒置或放在干燥架上自然风干。

2. 烘干　把玻璃仪器从上层至下层放入烘箱，器皿口朝上，烘箱内温度保持100～110℃，约半小时待烘箱内温度降至室温时取出即可。也可放在气流烘干器上进行干燥。

3. 吹干　有时仪器洗涤后需立即使用，为了节省时间，可用少量低沸点水溶性有机溶剂淋洗后用电吹风吹冷风，待稍干后再吹热风使干燥完全（直接吹热风有时会使有机蒸气爆炸），然后再吹冷风使仪器冷却。

第二节　加热与冷却

一、加　　热

有机化学实验室中常用的热源有煤气灯、酒精灯、电热套、封闭电炉等。一般来说玻璃仪器不能用火焰直接加热，因为强烈的温度变化和受热不均匀都会造成玻璃仪器的损坏，同时，由于局部温度过高，还可能引起有机化合物的分解。为了避免直接加热可能带来的弊端，实验室中常常根据具体情况，选择不同的热源和加热方法。

1. 煤气灯　煤气灯是实验室中最常用的加热工具之一，多用于加热水溶液和高沸点溶液。当利用煤气灯加热烧瓶等玻璃仪器时，必须垫有石棉网，使用时，煤气灯的火焰温度可随着调节空气量的增减而不同。

2. 电热套　有机实验常使用电热套加热，它是一种特殊设计的加热器，由石棉纤维织成，其中镶入镍铬丝。具有不易引起火灾且受热较为均匀等特点，热效率高，加热温度可由控温装置调节或用调压变压器控制，使用方便。

3. 热浴加热（水浴加浴、油浴加热……）为了消除直接明火加热和保证加热均匀，在实验室中还常使用各种加热浴。热浴是间接加热，作为传热介质的可以是水、油、有机液体、熔融的盐、砂和金属等，可根据加热温度、升温速度等加以选择。

二、冷　　却

在有机实验中，有时由于产物或中间体不够稳定，必须在低温下进行，如重氮化反应；有的放热反应，常产生大量的热，使反应难以控制，并引起易挥发化合物的损失，或导致有机物的分解或增加副产物。因此，制冷技术对实验的成败有着重要作用。冷却的方法很多，实验者可根据冷却温度和带走热量来决定。

常用冷却剂：水、冰-水、NaCl+碎冰（1∶3）、$CaCl_2 \cdot 6H_2O$+碎冰（5∶4），NH_4Cl+碎冰（3∶10）、$NaNO_3$+碎冰（3∶5）、液氨。

第三节　有机化学实验常用基本操作

一、熔点测定方法

1. 毛细管熔点测定法　又称提勒（Thiele）管法（见实验一）。

2. 显微熔点测定仪（见图 3-1）　其测熔点的优点是可测微量样品的熔点，也可测高熔点的样品，又可细致观察样品在加热过程中的变化情况。

3. 数字熔点仪（见图 3-2）　该熔点仪采用光电检测，数字温度显示等技术，具有初熔、终熔自动显示，可与记录仪配合使用，具有熔化曲线自动绘制等功能。

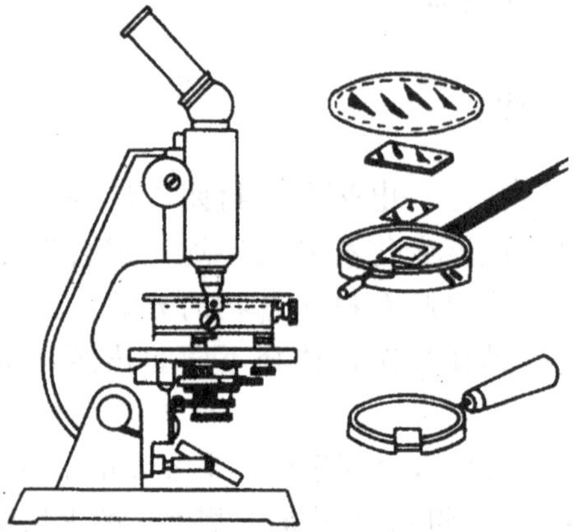

图 3-1 显微熔点测定仪

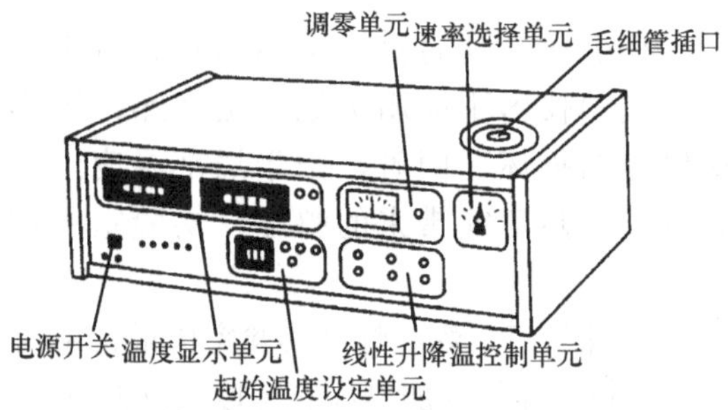

图 3-2 数字熔点仪

二、常压蒸馏

（一）常压蒸馏装置

蒸馏乃是将某种液体加热气化，然后再将蒸气冷凝为液体。前一过程叫蒸发，后一过程叫冷凝。蒸馏是有机实验中精制物质时最常用的一种方法。

1. 蒸馏装置 主要由蒸馏瓶、冷凝器和接收器三部分组成。常压蒸馏装置如图 3-3 所示。

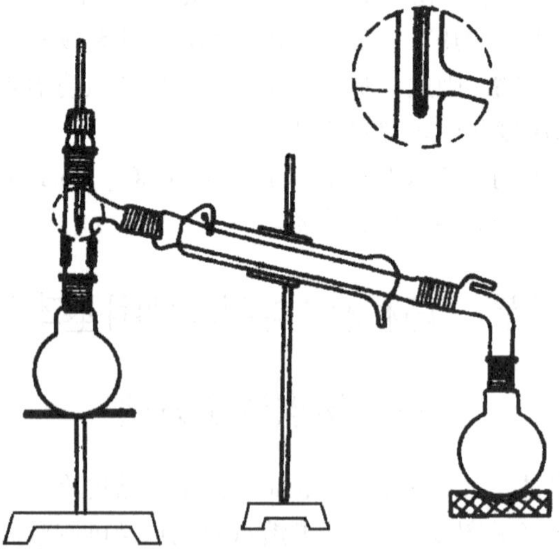

图 3-3 常压蒸馏装置

2. 安装时的注意事项

（1）用铁夹子固定仪器时，一定要在玻璃与铁夹之间垫有缓冲物如布、纸等。因此，事先必须把铁夹用布缠好。夹时不可太紧，以免夹坏玻璃器材。夹子的松紧程度以玻璃器材不会自行脱落为宜（此时以用手可以轻轻转动器材，但不能上下拉动它为宜）。

（2）铁夹、铁圈等在铁台立柱上的固定，必须紧实可靠。

（3）各玻璃器材的联接，尤其是蒸馏支管与冷凝器的连接，一定在将高度及角度调节合适后再进行最后连接，否则容易发生折断支管的事故。

（4）连接蒸馏瓶与冷凝器时，要将两个固定器材的铁夹稍稍松开，然后两手紧握支管和冷凝器上口，小心接合，为了密合，可轻轻转动接牢。然后固定铁夹如前。

（5）拆除仪器时，应先取出接收瓶，再小心地拆开玻璃器材的连接，然后分别取下。

（二）液体的蒸发

1. 蒸气压和液体的沸腾 如果将液体放在一个密闭的容器中，液体就要慢慢地吸收热量而气化，直到外围空间液体的蒸气分子回到溶液中去的速度与液体的蒸发速度相等，则蒸气达到饱和，这时由蒸气分子所产生的压力叫做饱和蒸气压（简称蒸气压）。蒸气压的大小用汞柱高度（mmHg）表示。同一物质的蒸气压依温度升高而升高。而与存在于平衡状态下的液态和气态的绝对数量无关。

图 3-4 曲线中可以看出，温度升高时，蒸气压亦逐渐上升，直到蒸气压升到与液面所受大气压相等时（严格的说要稍高于大气压），则液态内部分子急速气化，这些气化的分子成气泡状由液体内部冲出液面，这就是沸腾。液体的沸点就是：当液体蒸气压与外界大气压相当时，所需的温度。如果沸点是在一个大气压下（760mmHg）的，叫做正常沸点。如果减低外压，亦可使液体的沸点下降。（后面将要谈到的减压蒸馏，就是根据这个道理）。同理增加外压，也可使液体的沸点升高，日常用的高压锅，消毒锅等可达 100℃以上温度，就是这个道理。已达沸点的液体温度，不再因加热而升高。因为这时供给的热量，全部被急速气化的分子作为气化热吸收了，所以一个纯质液体在沸腾时，在其液态温度与气态温度应当是一致的（当然，实际上液体因过热现象会使温度稍高于其沸点也是可能的）。

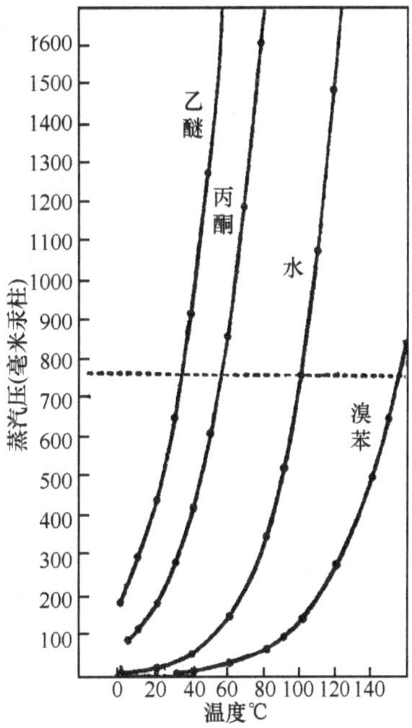

图 3-4 蒸气压力与温度曲线

2. 爆沸现象和沸腾促进器的使用 在烧瓶中加热液体时，常常发生温度虽已达液体沸点或已大大超过液体沸点，但并不沸腾，这种现象叫做过热现象。已经过热的液体一旦在液体内部产生蒸气泡，则因过热液体分子急速猛烈地蒸发，气泡内部压力迅速超过大气压，这时气泡体积的增大常是以爆炸性的速度发生，这就会把蒸馏的液体冲出容器，甚至会导致蒸馏瓶的炸裂，这就是所谓爆沸现象。尤其是液体沸点较低、纯度很高，蒸馏瓶内壁很洁净平滑时，爆沸就更容易发生。

为了防止爆沸，在加热之前应向蒸馏瓶中加入几粒没有上釉的洁净素烧陶瓷块（直径 2～5mm，称沸石）或倒扣一只直径 2～3mm 的毛细管（距下端 5mm 处需用小火加热熔封），其长度要伸到蒸馏瓶颈部 1/2 以上，以便保持它永远直立瓶中，此管称沸腾管。沸腾管内或陶瓷块中存在的空气可成为受热液体气化的核心，可以防止过热现象，而促进液体顺利沸腾，所以将沸石或沸腾管称沸腾促进器。

沸腾促进器必须在液体冷却的时候放入。每次更换蒸馏液时，必须重新加入沸腾促进器，因为用过的沸腾促进器的孔隙中的空气，在蒸馏过程中全部被液体的蒸气所排尽，冷时，则孔隙中即充满液体。因而失去了促进沸腾的作用。

（三）冷凝器与接收器

冷凝器能将蒸气中热量吸收，使蒸气的分子重新变成液态。最常用的冷凝器是一支玻璃管，管外套有冷却用的冷却水管套，从管套下口通入冷却水，由上口流出，以保持低温，为了提高冷却的效果，冷凝器可以制成许多形状（见第二章第一节）。

如果蒸馏物是低沸点的液体，如乙醚等。应当选用长的冷凝器，并且使用冰水冷却。如果是沸点较高的液体则可选用短的冷凝器。如果液体沸点在 140～150℃以上，则需选用空气冷凝管。以免因内外温度相差过大，引起冷凝器的炸裂。如果蒸馏物在常温下为固体要用短的冷凝器，并且冷器外套中常需装上热水，保持温度在蒸馏物的熔点以上，以免堵塞冷凝。如果沸点高于 250℃则可不须使用冷凝器，将蒸馏瓶支管直接连在接收器上即可。

接收器是用以接收冷凝的液体的器材，可以使用各种玻璃容器，如锥形瓶、平底烧瓶、圆底烧瓶，但用烧杯作接收器是不好的，因为它开口很容易使液体挥发或落进尘埃。如无接收管时，也可将冷凝管出口直接插入接收器，连接冷凝管与接收器时，应当留有通气孔，绝不能使全部装置完全密封！如果蒸馏物是易吸潮的或遇水分解的，则应在通气孔处安上干燥管。

三、水蒸气蒸馏

水蒸气蒸馏是分离和纯化有机物质的常用方法之一。应用这种方法时，被提纯物质应该具备下列条件：不溶或几乎不溶于水；在沸腾的条件下与水长时间接触而不起化学变化；在 100℃左右必须具有一定的蒸气压（一般不小于 10mmHg）。这种有机物与水一起进行蒸馏的方法，称为水蒸气蒸馏法。进行水蒸气蒸馏时，被蒸馏的物质可在 100℃以下与水一起被蒸馏出来。

在下列情况下可采用水蒸气蒸馏法：

（1）有机物中有固体杂质，而又不能用过滤、萃取和普通蒸馏等方法进行有效的分离。

（2）有机物混有非挥发性的树脂状物质（这类物质是有机实验中经常出现的杂质），如用有机溶剂萃取，树脂状物质可沾污容器。

（3）有机物的沸点在 100℃以上，而且在沸腾时有机物本身发生分解。

（4）被蒸馏的物质或杂质二者之一为挥发性物质，也可用此种方法达到分离的目的。

（5）有机物是挥发性固体，直接蒸馏会堵塞冷凝器。

（一）水蒸气蒸馏原理

当与水不相混溶的物质和水一起存在时，按照道尔顿（Dalton）分压定律，整个体系的蒸气压为各组分蒸气压之和，即

$$P=P_A+P_B$$

其中 P 代表总的蒸气压，P_A 为水的蒸气压，P_B 为与水不相混溶物质的蒸气压。当混合物中各组分蒸气压总和等于外界大气压时，这时的温度即为它们的沸点。这时的沸点必定比任何一个组分的沸点都低。因此，在常压下应用水蒸气蒸馏。就能在低于 100℃的情况下将高沸点组分与水一起蒸出来。

由于蒸出的混合蒸气中各气体的分压（P_A、P_B）之比等于它们的摩尔数之比（n_A，n_B 表示此两物质在一定容积的气相中的摩尔数），即

$$n_A / n_B = P_A / P_B$$

而 $n_A / = W_A / M_A$，$n_B / = W_B / M_B$ 其中 W_A 为各物质在一定容器中蒸气的重量，M_A、M_B 为其分子量。因此

$$P_A / P_B = n_A / n_B = \left(W_A / M_A\right)\left(W_B / M_B\right)$$

$$W_A / W_B = \left(M_A \cdot P_A\right)\left(M_B \cdot P_B\right)$$

由此可见，只要知道两种物质在其混合物沸点时的蒸气压力及其分子量，就可以计算出蒸气中（或蒸出物中）两种物质的重量比。

上面的公式还可以说明 M_A 与 P_A 乘积越小 W_B 值就越大。因为水的分子量较小，蒸气压为中等程度，所以 $P_A \cdot M_A$ 的值是低的。这样就有可能分离较高分子量和较低蒸气气压的物质。例如，溴苯的沸点为 135℃，且与水不相混溶；当加热溴和水的混合物至 95.5℃时，水的蒸气压 P_A=646mmHg，溴苯的蒸气压 P_B=114mmHg，它们的总压力为 1 大气压，于液体开始沸腾。水和溴苯的分子量分别为 18 和 157，代入上面公式

$$W_A / W_B = 646 \times 18 / 114 \times 157 = 6.5/10$$

这表示每蒸出 6.5 克水，同时就有 10 克溴苯被蒸出，溴苯在馏出液中的组分占 61%。

上述关系式只适用于与水不相混溶的物质，而实际上很多化合物在水中或多或少地溶解，这样计算出来的数值是近似的。

（二）水蒸气蒸馏装置

水蒸气蒸馏装置是由四部分连接而成的（见图 3-5）：即水蒸气发生器、蒸馏瓶、冷凝器和接收器。

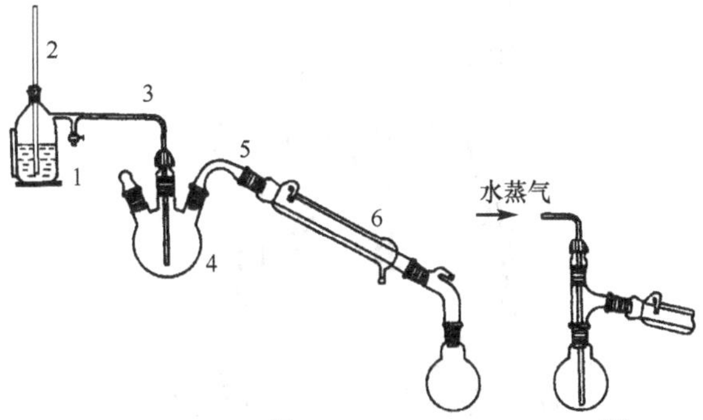

图 3-5　水蒸气蒸馏装置

1. 水蒸气发生器；2. 安全管；3. 水蒸气导管；4. 三口瓶；5. 流出液导管；6. 冷凝管

水蒸气发生器常用铜质的罐子（或用烧瓶代替也可以）发生器上直立一支玻璃管直通底部，叫安全管。如果仪器内压力上升，则内部水面即由此管上升以调节装置内部的压力。蒸气出口则由较粗（直径 5～7mm）的弯曲玻璃管通入三口瓶底部（约距瓶底 2～3mm）以使蒸馏物受到搅动，更好的保持两相间的平衡。

水蒸气发生器与三口瓶之间必要时可接一个截馏器，以便把水蒸气带过来的液体分开。

被蒸馏物容纳量不能超过瓶腹容积的一半。蒸馏瓶必要时可用小火加热，以保持瓶子散失的热量得到补偿，而防止瓶内凝水过多。

冷凝器和接受器与普通蒸馏装置是一样的。不过接收管通常是可以省略不用的。

进行水蒸气蒸馏时，先将溶液（混合液或混有少量水的固体）置于蒸馏瓶中，然后向蒸馏瓶中通入水蒸气。必须控制加热速度使蒸气能全部在冷凝管中冷凝下来。如果随水蒸气挥发的物质具有较高的熔点，在冷凝后易于析出固体，则应调小冷凝水的流速，使它在冷凝后仍保持液态。假如已有固体析出，并接近阻塞时，可暂时停止通冷凝水，甚至需要将冷凝水暂时排出，以使物质熔融后随水流入接受器中。还要注意当重新通入冷凝水时要小心而缓慢，以免冷凝器因骤冷而破裂。

蒸馏完毕，一定要先打开截留器上的螺旋夹使通大气，然后方可停止加热，否则蒸馏瓶中的液体将会倒吸到水蒸气发生器中。在蒸馏过程中发现安全管中的水位迅速上升，则表示系统中发生了堵塞。此时应立好打开螺旋夹，后移去热源。待排除了堵塞后，再继续进行水蒸气蒸馏。

四、保温（热）过滤和菊形滤纸

处理有机物的过程，常需使要过滤的混合物在较高的温度下过滤，以除去不溶性杂质，且欲提纯物也不会在过滤中结晶析出在滤纸上。此操作亦称“趁热过滤”（见图 3-6）。一般此操作是在热水（保温）漏斗中进行。保温漏斗是普通漏斗加一热水夹套而成。为使保温过滤速度加快，过滤时常采用折叠滤纸或称菊形滤纸，其折叠方法如图 3-7 所示。

趁热过滤要注意，漏斗颈不宜过长，否则结晶因颈部冷却作用而析出。且过滤前应用少量热溶剂，将菊形滤纸湿润。如果选用低沸点溶剂（80℃以下），夹套内热水不宜煮沸否则会使溶剂蒸发使漏斗上的溶液成过饱和状态而有结晶析出。

如果溶剂易燃，则过滤时，应先灭掉火源，然后再行过滤。

图 3-6 热过滤

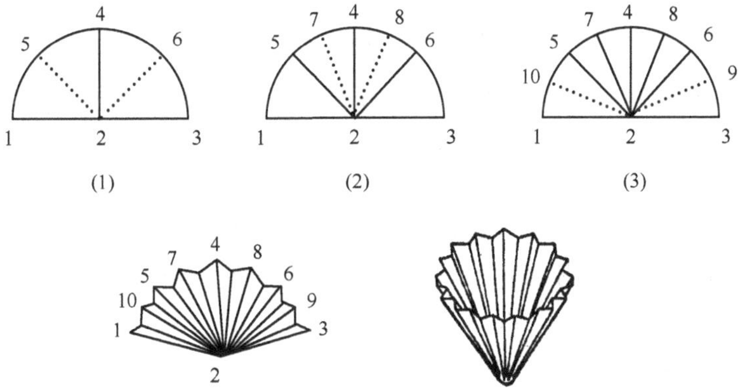

图 3-7　菊形滤纸及其折叠方法

五、减压过滤操作

为使结晶同母液迅速而有效地分离以及有利于产品的干燥、纯化，常采用本操作。减压过滤装置（见图 3-8）主要由三部分组成：

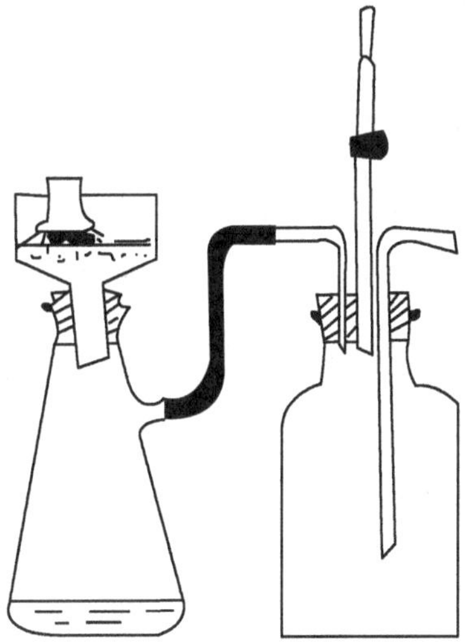

图 3-8　减压过滤装置

（1）漏斗：采用瓷质布氏漏斗（又称筛板漏斗）。

（2）吸滤瓶：玻璃的厚壁三角瓶。用来接受滤液。

（3）水泵：减压用。常用的是水流唧筒。

另外，在水泵和吸滤瓶之间，常装有一带放空阀的玻璃瓶（缓冲瓶或称安全瓶）。当停止过滤时，先打开放空阀，然后再关水泵，以防止回吸到吸滤瓶中去。

使用时，将滤纸（大小以附盖布氏漏斗筛板小孔为宜）先放于漏斗内，用所用过滤的溶剂湿润、抽干、停止抽滤！然后再倒入母液及沉淀，待沉淀物充分下降后，再抽气过滤同时再倒入其余部分。要注意的是，停止抽滤前一定先打开缓冲瓶的放空阀，然后再关闭水泵。另外，如果要洗沉淀，应先停止抽气。将沉淀用玻璃棒轻轻松动，然后倾入洗液，轻轻搅匀后，再行抽气过滤，绝不允许边加洗液，同时抽气过滤。

六、色谱分析

混合物的分离和单个组份的提取在有机化学的所有领域都是很重要的问题。色谱分析法（简称色谱法，习惯称为层析法）是结晶、蒸馏等经典分离提纯方法的补充，尤其是对于某些结构相似的难以分离物质，色谱法往往成为一种非常有效的分离方法。

所有的色谱法都包括流动相（气体或液体）和固定相（液体或固体）。主要是利用物质对流动相和固定相亲合性强弱的不同，而将各种物质分离开。当固定相是固体时，分离的基础是吸附作用；当固定相是液体时，则分离是根据分配原理。

色谱法的种类很多，按操作的形式可以分为纸色谱法、薄层色谱法，柱色谱法等等。现将其一般原理和方法简单介绍如下：

（一）纸色谱

纸色谱（也称纸层析）是以纸条为支持剂，纸上面吸着水，另一个液体溶剂也须先经水饱和。将一滴混合物溶液先点在滤纸上，干燥。然后将此滤纸支持在一密闭容器中，再以某种有机溶剂润湿（借重力作用向下流或借毛细管作用向上或水平方向扩散）随着此种溶剂在纸上移动展开而将混合物分离。这种纸色谱属于分配色谱。

分配色谱是色谱分析中的特殊形式，在纸色谱中滤纸作为惰性载体，吸附在滤纸上的水或其他有机溶剂作固定相，而有机溶剂（展开剂）作流动相。样品内的各组分，由于它们在两相中的分配系数不同而将它们分离开。

此方法一般用作有机混合物的定性分析，不能用比色方法测定分离出来的色点进行定量测定（主要的应用是氨基酸混合物的定性分析）。操作方法有垂直型方法，将纸条悬在一密闭容器中，试样在溶剂的推展下向上或向下扩展前进，分离生成一连串色点（图 3-9）；水平型方法也称灯芯式扩散法，将滤纸放在平面上，使试样在溶剂的推展下，在纸面上向四面扩散分离后，生成许多同心圆，每一个化合物具有一定的 R_f 值，依下式计算。

$$R_f = \text{溶质到达的距离/溶剂到达的距离} = a/b$$

利用纸条为支持剂，在电场影响下，有机离子向电极移动的速度不同，这样就可以有效地分离复杂的有机物，这一方法称为纸上电泳，它广泛地应用在蛋白质水解产物、血清蛋白质、核酸等混合物的分离。

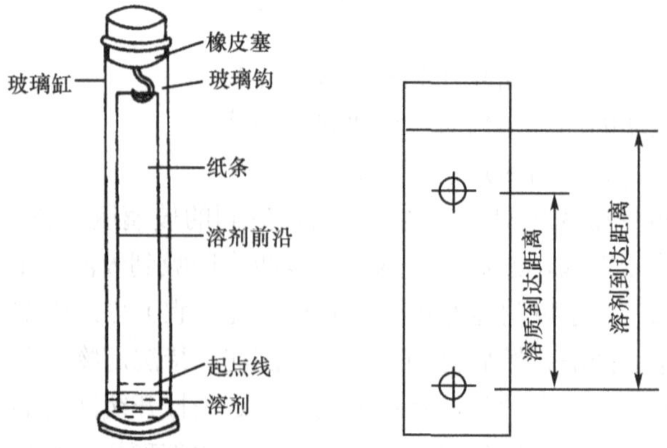

图 3-9　纸色谱

（二）柱色谱

柱色谱（又称柱层析）分吸附柱色谱和分配柱色谱两种。前者常用氧化铝 Al_2O_3 或硅胶（SiO_2）作固定相，后者往往是用硅胶、纤维等为支持剂，以其吸收较大量的液体为固定相，这里支持剂本身并不起分离作用。下面仅介绍吸附柱色谱。

1. 基本原理　吸附柱色谱是利用混合物的各组份对固体吸附剂（固定相）吸附能力的不同而达到分离的色谱方法。

固定相是一种具极大表面的粉末状吸附剂，如氧化铝或硅胶，将它们与作为流动相的有机溶剂，如石油醚或苯一起装入柱中（图 3-10）。

将要分离的混合物置于柱顶端，于是，被吸附在固定相上，然后让洗脱剂（流动相）连续不断地通过柱。混合物中的每个组分被流动相沿着柱向下推移。各组分由于它们对吸附剂吸附力的强弱不同移动的速度也就不同。吸附力小的移动得较快分布在柱的下部。而吸附力强的则移行的慢，分布在柱的上部。洗脱是连续进行的，直到所有的组份被洗脱出柱为止。极性化合物如醇（ROH）、胺（RNH_2）或羧酸（RCO_2H）等被强烈吸附，移动很慢，或者完全不动；极性较小的如烃类（RH）、醚（R_2O）和卤代烃（RX）等被吸附的不强，从而移动较快。被分离的化合物如果没有颜色，可以分段收集洗脱液，然后用一些适当的方法进行检查。薄层色谱或气相色谱特别适合这一目的。至于连续监测洗脱液的方法。现在也已经普遍应用，这里不做介绍。

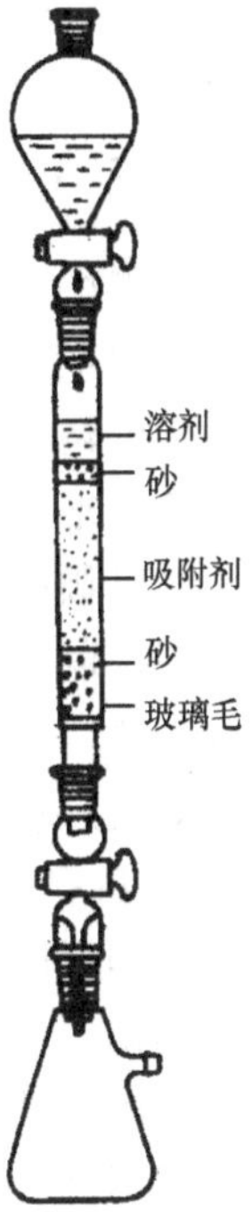

图 3-10　柱层析

2. 操作步骤

装柱：吸附剂的用量一般是被分离物质用量的 30～100 倍。长而细的柱比短而粗的柱分离效果要好。

装柱的方法有干法和湿法两种：

1）干法装柱：将吸附剂慢慢地分数次倒入柱中，边装边轻敲色谱柱，使柱装得松紧一致，不能一下子将吸附剂全部倒进柱中。填充完毕后，打开下端活塞，将洗脱剂沿管壁轻轻倒入柱中，将柱中所有空气全部赶出。若有气泡存留，柱中容易形成裂缝和小沟，降低柱的分离效果，破坏分离区带的形成。

2）湿法装柱：先用洗脱剂将色谱柱半充满，然后慢慢倒入用洗脱剂和吸附剂混合成流动的悬浮液，用一段胶管轻轻敲击柱子，务使色谱柱填装得均匀一致，并且当吸附剂沉降的同时，让溶剂慢慢地从柱内流出，但始终不能使溶剂流干，应保持在吸附剂上有一定高度的液柱，让吸附剂自由沉降填实。

液体混合物可以直接加到柱上，但是，固体要用洗脱剂制成浓溶液之后再加样。如果该洗脱液不能制成浓溶液的话，则应该选用极性比洗脱液弱的其他溶剂溶解（见下面）。

将装好的柱上留下的多余溶剂放出，只留下薄薄一层（约 2～3mm）为止。然后用吸管将样品加到柱上，柱面上多余的液体要排出，用约 1mL 洗脱剂冲洗样品，再放出多余液体，然后用大量溶剂继续洗脱。

3. 洗脱溶剂　色层分离通常用一套洗脱能力逐次增加的洗脱剂来完成。非极性溶剂首先用来洗脱混合物中被吸附得不强的组份，相继改用洗脱能力较强溶剂。现在就最普通常用的溶剂说明如下：

石油醚
极性增强　苯　对氧化铝柱和硅胶柱增强洗脱能力
氯仿
乙醚
乙醇

4. 吸附剂　一般，硅胶和氧化铝均可做吸附剂，但经常用氧化铝，因为它的吸附量大，用的柱小，流速快。选择的吸附剂应当颗粒均匀，吸附剂的粒度越小，吸附能力就越高，但溶剂的流速也越慢。

（三）薄层色谱法（TLC）

薄层色谱法（习惯称为薄层层析）是近年来发展起来的一种微量而快速的色谱方法。是将吸附剂或支持剂在玻璃板上涂成均匀的薄层，把要分离的样品溶液加在薄层上，然后用适当的溶剂展开，达到分离的目的。对混合物组份分离的原理与柱色谱相同，而 TLC 比柱色谱常取得较好的分离效果。薄层色谱法中的吸附剂或支持剂对颗粒大小的要求较严格，如果颗粒太粗。不易制成均匀的薄层，展开时溶剂展开的速度过快，而且溶剂的前沿不整齐，斑点不集中，分离效果不好。一般要求氧化铝在 160～200 目，硅胶在 180～200 目较为合适，薄层厚度为 0.25～1mm。

R_f值，对于比较两个化合物是否属于同一物质时能够提供一个重要的参考。但是这些数值在 TLC 上并不是经常重复的。当试图利用 TLC 证明两个化合物的一致性时，应该将未知物和标准样品并列在同一块板上展开，R_f值相同，表明结构的一致性，但是还不是最后的判据。

在制备性的 TLC，将较多的样品溶液（20～200mg，依分离的难易而定）在铺有较厚（1mm）吸附剂的方形板（20cm×20cm）上涂成一条细带，然后展开。将板上展开的各个区带的吸附剂刮下，分别用适当的溶剂将各组分洗提下来，达到分离的目的。

操作步骤

1. 薄层的涂布（或称制板）　薄层涂布器（图 3-11）可制作涂布。用于薄层色谱的薄层分为：加黏合剂的薄层板称为硬板，不加黏合剂的薄层板常称为软板。硬板的制法是将吸附剂加入适当比例的黏合剂，混合均匀，加适量的水制成糊状，倒在玻璃板上，用玻璃棒涂匀。轻轻振动，使糊状物表面平坦光滑，放置在水平位置待干燥凝固后进行活化。玻璃的大小通常用 5cm×15cm，显微镜载玻片（2.5cm×7.5cm）也常被推荐使用。

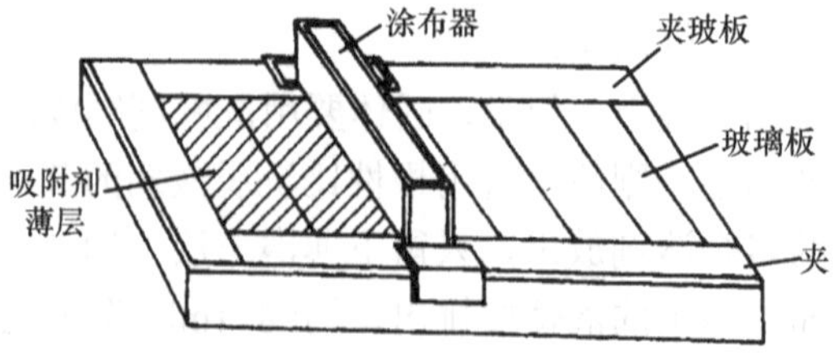

图 3-11　薄层涂布器

（1）硅胶 G（指含煅石膏 15%）板：取硅胶 G 粉一份，加水 3～4 份调成糊状，铺成薄层。

（2）氧化铝 G（一般含石膏 5%）板；取氧化铝 G 一份加水一份，调匀，铺成薄层。

黏合剂除石膏外，也可用淀粉作黏合剂，淀粒用量一般为吸附剂量 5%。将吸附剂和淀粉按比例量混合，加 2～3 倍量水，在沸水浴上加热，不断搅拌，直至成均匀黏稠糊状。1% CMC 水溶液每 100mL 可加入硅胶粉 50 克（或氧化铝 60～80 克），调成糊状，铺层。用淀粒或 CMC 做黏合剂的薄层板一般较石膏作黏合剂制得的薄层硬度更好，可用铅笔在板上书写。

（3）制得的薄层：活化条件视要求而异，如氧化铝 G 板置 200～220℃烘 4 小时，可得活性Ⅱ级薄层，150～160℃烘 4 小时，得Ⅲ～Ⅳ级活性。硅胶 G 可在 110℃加热 1 小时或 105℃加热半小时活化，也有 80℃加热半小时，可根据需要而定。

2. 点样　正常点伴浓度为 1%～2%，可用一管口平整的毛细管吸取样品溶液，轻轻滴加在距薄层板下端 1.5～2cm 处，每次加样后原点扩散直径不要超过 2～3mm，待溶液挥发后再滴加第二次样品。样品的用量多少合适，必须经过实验来决定。因为所需样品的用量和显色剂的灵敏度、吸附剂的种类及薄层厚度均有关系。样品太少则不易检出，但样品太多会形成斑点过大、互相交叉或拖尾，而不能很好的分离。

在一块板上如要滴加几个样品（视板宽而定），应滴在一条直线上，各点之间距离应不小于 1cm。

3. 展开　在进行展开之前首先要选择好使用的溶剂，展开剂选择的原则主要根据溶剂和样品的极性，即化合物的吸附性和它在溶剂中的溶解度。一般来说，如在同一吸附剂上，溶剂的极性越大，则对同一化合物的洗脱能力越大，斑点移动的距离越长，即比移值 R_f 越大。当温度、吸附剂等实验条件固定时，各种化合物具有一定的 R_f 值，因而可作为定性分析的依据。按下式计算化合物的比移值 R_f：

$$R_f = \text{斑点的中心至原点中心的距离} \;/\; \text{溶剂的前沿至原点中心的距离} = a / b$$

当用一种溶剂去展开某一组分时，如果发现它的 R_f 值太小，就可考虑换用一种极性较大的溶剂，或在原来的溶剂中加入适量极性较大的溶剂，配成混合溶剂去展开。反之，如 R_f 值较大，则应减小溶剂的极性。

薄层展开需要在密闭的密器中进行，瓶内放入适量的展开剂，使点样品的一端浸入展开剂中 0.5cm，但不要浸没样品如倾斜上行法展开（见图 3-12）。溶剂由于毛细作用，沿着薄层自下向上移动，当溶剂经过样品斑点的时候，其中各组份由于吸附能力不同，在溶剂中发生一系列的吸附、解吸附可逆过程，最后导致各组份彼此分离。当展开剂移至板面的前沿时，取出，在溶剂前沿处划一标记。

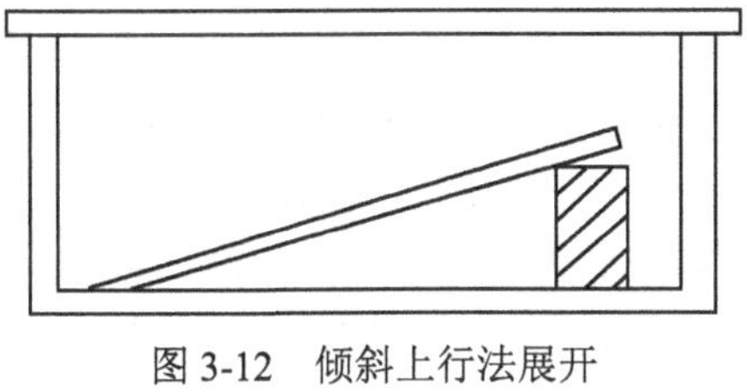

图 3-12　倾斜上行法展开

4. 展开后各组分定位　取出薄层板，如果化合物有颜色，就能直接观察出它们的色点。如果化合物本身无色，则用特殊方法定位。

（1）将 TLC 板放在紫外灯下观察，如有荧光物质存在时，则荧光斑点清晰可见，用小针划出色点的位置。

（2）将 TLC 板放在盛有结晶碘的展开瓶中，碘蒸气慢慢溶解在大多数有机化合物里，呈现褐色斑点。

（3）喷雾试剂有多种，有的是对某一类化合物特效呈色，还有的是一般通用的；有的与被检化合物发生可逆反应，而有的发生破坏性反应。对于不具荧光的化合物，可在吸附剂中加入荧光物质，制成荧光薄层板，或者在展开后的薄层上喷雾荧光物质（如 0.04%荧光素钠的水溶液），这样，在紫外灯下，在整个荧光的背景上，化合物（不具荧光）便呈现出暗色的斑点。

七、萃取和分液漏斗的使用

萃取是有机化学实验中用来提取或纯化有机物的常用方法之一。

应用萃取可以从固体或液体混合物中提取出所需要的物质，也可以用来洗去混合物中少量的杂质，前者常称为“提取”或“取”，而后者则称为“洗涤”。

（一）萃取原理

萃取是利用物质在两种不互溶（互微溶）溶剂中溶解度或分配比的不同来达到分离，提取或纯化目的的一种操作。

我们知道，在一定温度下，一有机物在有机相和在水相中（分配平衡时）的浓度之比为一常数。亦可以看成是该有机物在两相中溶解度之比为一常数，此即所谓分配定律。

设达到分配平衡时，有机物在两相中的浓度分别有 c_A 和 c_B；

则有 $c_A / c_B = K$，即在一定温度下，c_A 与 c_B 之比为一常数。

显然，一次萃取并不能完全达到目的，必经若干次（取决于两溶剂的分配系数的大小）才能认为萃取完全。

萃取效果的好坏，通常与操作有直接关系。但与萃取剂的选择关系也很大，选择萃取剂的基本原则是：

（1）萃取剂与溶液中的溶剂应互不相溶，也不起化学反应；

（2）萃取剂应对萃取物有较大溶解度，而对其他组分则溶解度最小；

（3）萃取后，萃取剂与萃取物要易于分离，要求低沸点，比重大于 1；

（4）廉价、易得、无毒、不易燃。

（二）分液漏斗的使用（液-液萃取）

在液-液萃取中通常用分液漏斗来实现。分液漏斗一般有球型、园锥形、犁型等。

分液漏斗使用前，应先检查上面的盖塞和下面的活塞是否严密不漏水，能否自由转动。盖塞的小孔能否对准漏斗上的小孔。为使下面的活塞转动自由，可用少许纯溶剂湿润。分液漏斗的体积要以欲萃取的溶液体积而定。一般溶液体积应小于分液漏斗体积的 1/2，同时加溶液体积 1/3 的萃取剂，所以分液漏斗内所盛液体的总体积不得超过漏斗体积的 2/3。

在提取成分或除去杂质时，为使内容物的两层充分接触，可先用右手顶住盖塞（此时盖塞与漏斗的小孔应错开），倒转分液漏斗后，用左手握住活塞（图 3-13）用力振荡。

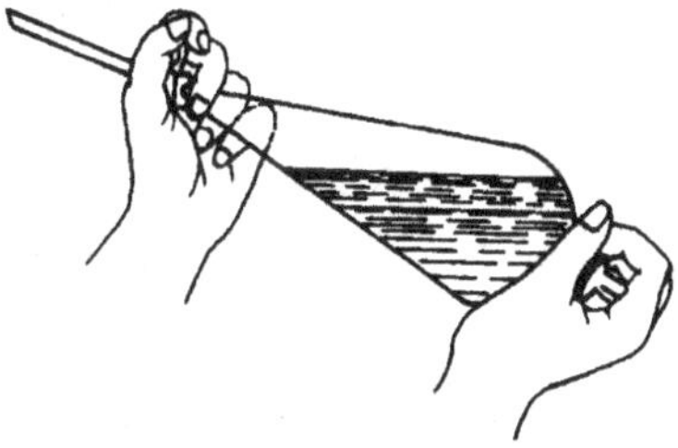

图 3-13　分液漏斗的使用

若采用低沸点萃取剂（如乙醚）两种液体混合时可能有气体产生，则在倒转漏斗后，先用左手转动活塞放气，以解除由于倒转而产生的压力[注意要远离火源]。以后每次振荡都要转动活塞放气，使内外压力平衡。经数次振荡认为萃取完成后，将分液漏斗转正，放在带环的铁架上，静置至液层完全分开。然后再分离液层。分离时，将盖塞和漏斗上的小孔对正（或打开盖塞），再扭开下面的活塞，下层液体由此流出，但速度不宜太快。上层液体则由漏斗上口倒出。

使用后，分液漏斗要用水冲洗干净，尤其是用过碱性溶液的漏斗，活塞和盖塞的磨口处一定要充分清洗。若较长时间不再使时，则活塞和盖塞均应先用纸包好，然后再插入磨口中。

八、干燥与干燥剂

有机物干燥的方法大致有物理方法（不加干燥剂）和化学方法（加入干燥剂）两种。物理方法常用吸收、分馏等，近年应用分子筛来脱水；在实验室中常用化学干燥法，其特点是在有机液体中加入干燥剂，干燥剂与水起化学反应。例如：$Na+H_2O \rightarrow NaOH+H_2\uparrow$）或同水结合生成水化物，从而除去有机液体所含的水分，达到干燥的目的。用这种方法干燥时，有机液体中所含的水分不能太多（一般在百分之几以下）。否则，必须使用大量的干燥剂，同时有机液体因被干燥剂带走而造成的损失也较大。

（一）液体的干燥

1. 常用干燥剂

常用干燥剂的种类很多，选用时必须注意下列特点：

（1）干燥剂与有机物应不发生任何化学变化，对有机物亦无催化作用；

（2）干燥剂应不溶于有机液体中；

（3）干燥剂的干燥速度快、吸水量大、价格便宜。

常用干燥剂有下列几种：

（1）无水氯化钙：价廉，吸水能力大，是最常用的干燥剂之一，与水化合可生成一、二、四或六水化合物（在 30℃以下）。它只适于烃类、卤代烃、醚类等有机物的干燥，不适于醇、胺和某些醛、酮、酯 等有机物的干燥，因为能与它们形成络合物。也不宜用作酸（或酸性液体）的干燥剂。

（2）无水硫酸镁：它是中性盐，不与有机物和酸性物质起作用。可作为各类有机物的干燥剂，它与水生成 $MgSO_4 \cdot 7H_2O$（48℃以下）。价较廉，吸水量大，故可用于不能用无水氯化钙来干燥的许多化合物。

（3）无水硫酸钠：它的用途与无水硫酸镁相似，价廉，但吸水能力和吸水速度都差一些。与水结合生成 $Na_2SO_4·10H_2O$（37℃以下）。当有机物水分较多时，常先用本品处理后再用其他干燥剂处理。

（4）无水碳酸钾：吸水能力一般，与水生成 $K_2CO_3·2H_2O$，作用较慢，可用于干燥醇、酯、酮、腈类等中性有机物和生物碱等一般的有机碱性物质。但不适用于干燥酸、酚、或其他酸性物质。

（5）金属钠：醚、烷烃、芳烃等有机物用无水氯化钙或硫酸镁等处理后，若仍含有微量的水份时，可加入金属钠（切成薄片或压成丝）除去。不宜用于醇、酯、酸、卤烃、酮、醛及某些胺等能与碱起反应或易被还原的有机物的干燥剂。

2. 液态有机化合物干燥的操作 液态有机物化合物的干燥操作一般在三角瓶内进行。按照条件选定干燥投入液体里，塞紧（用金属钠作干燥剂时则例外，此时塞中应插入一个无水氯化钙管，使氢气放空而水气不致进入），振荡片刻，静置，使所有的水分全被吸去。如果水分太多，或干燥剂用量太少，致使部分干燥剂溶解于水时，可将干燥剂滤出，用吸管吸出水层，再加入新的干燥剂，放置一定时间，将液体与干燥剂分离，进行蒸馏精制。

（二）固体的干燥

从重结晶得到的固体常带水分或有机溶剂，应根据化合物的性质选择适当的方法进行干燥。

1. 自然晾干 这是最简便、最经济的干燥方法。把要干燥的化合物先在布氏漏斗滤纸上，或滤纸上面压平，然后在一张滤纸上面薄薄地摊开，用另一张滤纸复盖起来，在空气中慢慢地晾干。

2. 加热干燥 对于热稳定的固体可以放在烘箱内烘干，加热的温度切忌超过该固体的熔点，以免固体变色和分解。如果需要，可在真空恒温干燥箱中干燥。

3. 红外线干燥 特点是穿透性强，干燥快。

4. 干燥器干燥 对易吸湿或在较高温度干燥时会分解或变色的可用干燥器干燥，干燥器有普通干燥器和真空干燥器两种。

九、固体物质的萃取——脂肪提取器（索氏提取器）的使用

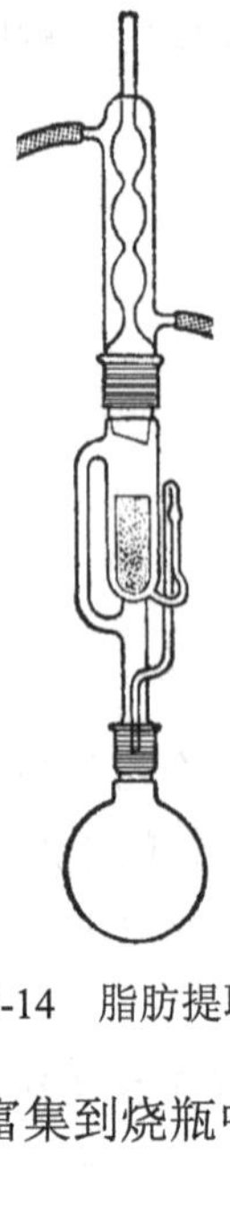

图 3-14 脂肪提取器

固体物质的萃取，常通过脂肪提取器（图 3-14）用连续萃取的原理来实现。

脂肪提取器是利用溶剂回流及虹吸原理，使固体物质每次都能为纯的溶剂所萃取，因而效率较高。萃取前应先将固体物质研细，以增加液体浸溶的面积。然后将固体物质放在滤纸套内，置于提取器中，提取器的下端通过磨口和盛有溶剂的烧瓶连接，上端安上冷凝管。当溶剂沸腾时蒸气通过玻管上升，被冷凝管冷凝成为液体滴入提取器中。液体超过虹吸管的最高处时，即虹吸流回烧瓶。因而萃取出溶于溶剂的部分物质。依此，利用溶剂回流和虹吸作用，使固体中的可溶性物质富集到烧瓶中。然后再用其他方法，将萃取到的物质从溶液中分离出来。

十、升　　华

某些常温下为固态的物质，在一定压力和一定温度下，可以不经熔化而直接蒸发为气态；而其蒸气又可以在冷却时不经液态而直接变成固态，这种气态与固态直接转化的过程叫做升华。用升华法可以精制某些有机物质（如萘、蒽、苯甲酸、六氯乙烷、樟脑及醌类）。

微量的物质升华可用两个干燥的表面皿彼此对合，把被升华的物质平铺于下面的表面皿上，两表面皿间用穿有许多小孔的滤纸隔开，以防升华出的结晶落回。操作时可用砂浴慢慢加热下面的表面皿，并用小块浸湿的滤纸复盖上面的表面皿上，以冷却蒸气。

较大量的物质升华时，也可改盛于蒸发皿内，其上复盖一张穿有许多小孔的圆形小滤纸，再用大小合适的漏斗，倒盖蒸发皿上，漏斗颈处的小孔用棉花堵塞，以防蒸气外逸。在砂浴上慢慢加热。升华物可积累于滤斗内壁（图 3-15）

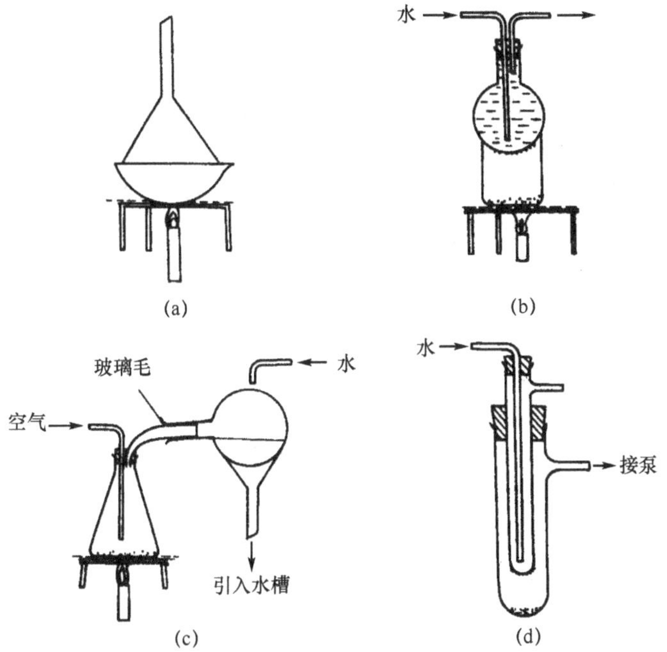

图 3-15　升华装置

大量升华可用烧杯和圆底烧瓶组成。烧瓶内用水流冷却，用油浴或砂浴加热烧杯，升华物在烧瓶外底部冷却成晶态物。

十一、红外光谱试样制备方法

（一）基本原理

红外吸收光谱法（infrared absorption spectrometry，IR）是以一定波长的红外光照射物质时，若光的频率正好与分子中某个基团振动能级的跃迁频率相同，则该分子就吸收此频率光，从而产生吸收光谱。测定物质分子对不同波长的红外光的吸收强度，就可以得到该物质的红外吸收光谱。

（二）试样制备方法

1. 气体样品　气体样品不作任何处理就可直接装入气体样品池进行分析。

气体样品池一般为两端装有可透红外光的窗片的玻璃池，结构如图 3-16 所示。

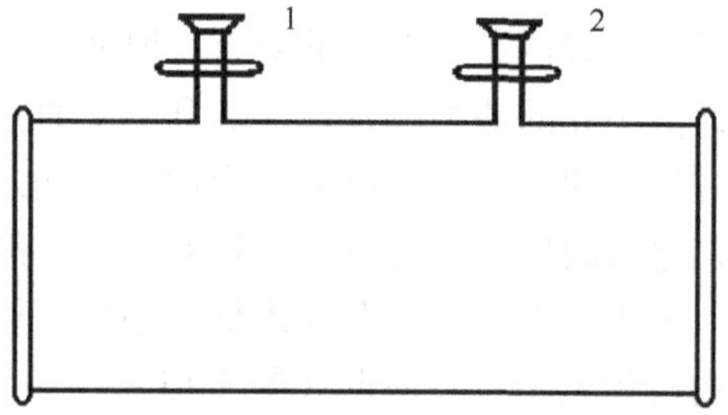

图 3-16　气体样品池

操作方法是：先从管口 1 抽真空，在由管口 2 导入被测气体至所需压力即可。

2. 液体样品　溶液或易挥发液体样品使用可拆式样品池进行测定。

纯液体样品或由挥发性溶剂配制的溶液样品可直接滴在盐片上进行测定。

3. 固体样品　采用溴化钾压片法。将样品 1～2mg 在玛瑙研钵中研细后加入约 100～200mg 溴化钾粉末，一起研磨至 2μm 以下且混合均匀，在压片机上压成透明薄片（厚约 1mm）进行测定。

（夏　阳）

下篇　有机化学实验

第四章　有机化合物的物理常数测定及元素检测

实验一　固体物质熔点的测定

【实验目的】

（1）掌握熔点测定的实验原理。

（2）学习毛细管熔点测定法——又称提勒管法。

【实验原理】

熔点是晶体物质的重要物理常数之一。熔点的测定通常用来鉴定有机化合物或判断其纯度。

通常将固体物质加热到一定温度，使其从固态转变为液态时的温度可视为该物质的熔点。熔点的定义，应为固液两态在 101.325kPa 下达成平衡时的温度。在测定固体有机化合物的熔点时，通常是一个温度范围，即从开始熔化到全部熔化的温度范围，该范围称为熔程或熔距。实验室中所测定的或大多数化学文献中所记载的熔点都是指用毛细管法测出来的，一般略高于真实的熔点。

纯净的固体有机化合物都有固定的熔点，固液两相之间的变化非常敏锐，即熔程一般不超过 0.5～1℃（除液晶外）。当混入杂质后，熔点通常会降低，熔程变长。因此，通过测定熔点可以鉴别未知的固体有机化合物和判断有机化合物的纯度。例如，要确定一个未知化合物与某一已知化合物结构是否相同，可以采用“混合样品”熔点的测定，即测定未知化合物与已知化合物的混合物的熔点。如果混合物的熔点与已知化合物的熔点相同，则一般可认为二者是同一种物质。

【实验器材和药品】

器材：	熔点测定装置	1 套	药品：	乙酰苯胺[注 1]
	煤气灯	1 个		苯甲酸
	毛细管	数支		
	表面皿	1 块		
	药勺	1 把		
	干燥器	3 个		

【实验方法】

1. 熔点管的制备（也可用市售熔点管——封口毛细管）　毛细管的外径一般为 1～1.2mm，长约 70～75mm（可用市售毛细管），将其一端在煤气灯火焰上进行封闭。

2. 样品的装填 将待测样品装入熔点管中，其装入方法如下：取已干燥好的样品少许（0.1～0.2g），放在表面皿上，用洁净药勺研细，并聚成一堆，把毛细管开口的一端插入样品堆中，然后小心的以封闭的一端轻敲桌面，使样品落到管底，然后用手指轻轻夹持毛细管轻轻敲打桌面（亦可把开口端向上的毛细管放入长度约 40～50cm 垂直于桌面的玻璃管中，使其自然下落在表面皿上，重复几次），使样品装填均匀、紧密、结实，使样品高度为 2～3mm。一个试样最好同时装好三支毛细管，以备测定时用。

3. 仪器安装 熔点测定装置：图 4-1 是放在提勒管（Thiele tube，也称 b 形管）与温度计组成。温度计的酒精球放在提勒管上下两个开口的中间，因为此处对流循环好，温度梯度差小，趋于均匀。测定熔点时，在提勒管旁侧加热，利用液体对流传热[注 2]。

取下温度计，用粘有硫酸的酒精球将毛细管侧面粘湿，然后使毛细管与温度计靠近，硫酸的张力将毛细管固定在温度计上（或用橡皮圈、细绳将毛细管绑在温度计上，橡皮圈应在导热油液面上），要使样品与酒精球位于同一水平，然后再插入提勒管中进行测定。

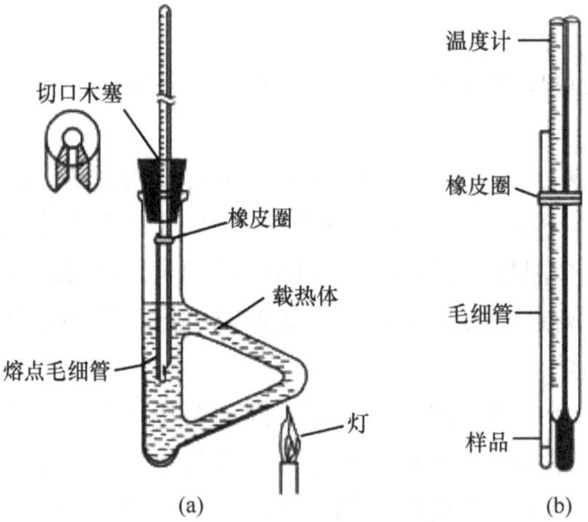

图 4-1 熔点测定装置

4. 熔点测定 测定应在充足的光线下进行。

测定未知物的熔点时，可先进行预测，使温度按每分钟上升 5～6℃的速度升高。得出粗略的结果，为预测值。然后取出温度计，弃去毛细管（注意烫伤！），待热浴温度降至熔点以下 30℃时，再装入另一支已装好样品的毛细管进行精测。精测时，起初可以较快的加热，当距预测的熔点约 10～20℃时，调小火焰，使温度缓慢而均匀的上升（每分钟上升 1～2℃）。

在测量过程中，必须时刻注意毛细管中样品的变化（在操作中也要适当的注意温度计酒精柱上升情况及部位，以免到熔点时找不到位置）。当样品开始塌陷或有小液滴（亮点）出现时，样品开始熔化；当最后的结晶消失成为透明液体时为熔化完全。对大多数的纯净物来说，此温度的范围是 0.5～1℃。

测定的精密程度，在于能否掌握加热方法（用小火移动地加热）以保持温度在熔化时恒定（或基本恒定）。

本次实验为乙酰苯胺、苯甲酸及其混合物的熔点预测及精测。

样品	测定	始熔 —— 全熔℃	间隔℃
1#	预测		
	精测		
	精测		
2#	预测		
	精测		
	精测		
3#（混合物）	预测		
	精测		

[注 1] 乙酰苯胺和苯甲酸皆充分干燥，分别保存于干燥器中。

[注 2] 在测定熔点时，通常用浓硫酸作加热液体，凡是熔点在 250℃以下的，采用浓硫酸较为适宜。但当高温时，浓硫酸分解放出三氧化硫及水。若加入 K_2SO_4（30%～40%）则可加热到 350℃左右。在使用过程中，如果有机化合物落入硫酸中，常使硫酸变黑，这时可在加热情况下将 2-3 小粒硝酸钾或硝酸钠投入提勒管中，可以除去黑色。浓热的硫酸触及人体会引起严重的烫伤，要特别小心！所以本实验采用石蜡浴。

思 考 题

（1）现有两种白色固体粉末状的有机化合物，从外观上看两者相同，试设计一种实验方法来进一步证明它们是否相同？

（2）两种熔点相同的有机化合物，是否可以确认它们就是同一物质？

（3）操作中为什么要控制升温速度？如果升温速度过快将产生什么后果？

实验二　液体物质沸点的测定

【实验目的】

（1）了解液体有机化合物沸点测定的意义；

（2）掌握半微量法测定液体有机化合物沸点的方法。

【实验原理】

有机化合物如果在蒸馏时不分解，沸点也是一种可供鉴定的物理常数，并且可以用来检测其纯度，纯净物具有恒定的沸点，液体可在一恒定温度下蒸馏，如果含有杂质，则沸点会降低或升高，并且沸点常不恒定，在蒸馏的过程中沸点会逐渐变化。

沸点的测定通常就在物质的蒸馏过程中附带进行（常量法）。测定少量物质的沸点时，用半微量法非常方便。

【实验器材和药品】

器材：	半微量沸点测定装置	1 套	药品：	无水酒精
	煤气灯	1 个		沸石

【实验方法】

取 1～2mL 的待测物质和一小块沸石放在试管里，用带有切口的木塞（切口对着温度计的刻度）把温度计插入试管中。温度计的水银球应高出液面 4～5cm，并且不得与管壁接触，试管稍微斜着夹在铁架上；用小火焰开始小心加热管底的最低部分，渐渐使液体均匀的沸腾。沸腾液体的蒸汽在温度计和管壁上冷却和凝结。控制温度使明显的冷凝环升到比水银球略高的地方，并使冷凝液连续不断地从温度计的末端滴下。当此点达到时，温度计的水银柱即不再上升。

记下温度计的读数，停止加热，使温度计的水银柱落到沸点以下 10～20℃，然后重作一次以核对所测得的沸点。

试验完毕将液体倒在指定的瓶中。

思　考　题

（1）如何确定一瓶无色有气味的液体为乙醇或甲醇？

（2）一种液体纯净物有一定的沸点，但有些混合物也有一定的沸点，你能举出例子吗？

实验三　有机化合物中氮元素的检测

【实验目的】

掌握有机化合物中氮元素的检测方法。

【实验原理】

检测有机化合物中氮元素最常用的方法是生成普鲁士兰的反应。

将有机化合物与金属钠共同灼烧，有机化合物分解，其中所含的碳、氮和钠元素生成氰化钠。将氰化钠与少量硫酸亚铁作用，则变成亚铁氰化钠。后者与三氯化铁作用则生成普鲁士兰。反应过程如下：

（1）$(C\cdots N\cdots)+Na \longrightarrow NaCN$

（2）$2NaCN+FeSO_4 = Fe(CN)_2+Na_2SO_4$

（3）$Fe(CN)_2+4NaCN = Na_4[Fe(CN)_6]$

（4）$3Na_4[Fe(CN)_6]+4FeCl_3 = Fe_4[Fe(CN)_6]_3+12NaCl$

普鲁士兰

【实验器材和药品】

器材：	干燥的小试管（或特制的钠熔管）		1 支	药品：	金属钠
	试管夹	1 把，三角架	1 个		1%$FeCl_3$ 溶液
	镊子	1 把，漏斗架	1 个		滤纸
	坩埚	1 支，坩埚钳	1 把		硫酸亚铁
	小刀	1 把，石棉网	1 块		乙醇
	漏斗	1 支，煤气灯	1 支		2mol/L 盐酸
					待测样品（尿素）

【实验方法】

在一干燥小试管中放入少许待测样品结晶或液滴，然后取一块金属钠，剥去外面的氧化层，用小刀迅速切下麦粒大小的一块，用滤纸擦去外面的煤油。然后放入装有待测样品的小试管中，用坩埚钳夹住试管，先用小火从试管底部加热，金属钠熔化后（小心爆炸!），再将试管底部加热一段时间，直至赤热。然后将试管趁热投入盛有 3～4mL 蒸馏水的坩埚中（注意！可能有未反应完的金属钠而引起轻微地爆炸或着火！如果残留金属钠的量较多时，可先加些乙醇使钠分解后再放入水中。）这时试管炸裂，内容物溶于水中。将混合物加热至沸，过滤溶液，除去炭渣及玻璃碎片，取一部分滤液加入一粒硫酸亚铁结晶，加热一分钟，然后加一滴三氯化铁溶液，并用 2mol/L 盐酸酸化。如待测样品含氮元素则出现蓝色普鲁士兰（Prussian blue）沉淀。如待测样品中氮的含量甚微，则呈绿色。

【注意事项】

（1）本实验应在通风橱的玻璃窗里边进行或带护目镜保护眼睛。

（3）使用金属钠时，要用干燥镊子夹取，不可用手拿摸，用不完的金属钠要放回原瓶的煤油中保存。金属钠不要与水或火接触。用过要盖好瓶塞，防止煤油挥发。

思　考　题

实验四　有机化合物中硫元素的检测

【实验目的】

掌握有机化合物中硫元素的检测方法。

【实验原理】

检测有机化合物中是否含有硫元素的方法与检查氮元素的方法相似，将待测样品与金属钠共熔，这时硫与金属钠反应而生成硫化钠：

$$(\cdots S\cdots)+2Na \longrightarrow Na_2S$$

然后用醋酸铅或亚硝酰铁氰化钠检查硫离子 S^{2-}。醋酸铅与硫化钠反应生成黑色的硫化铅沉淀：

$$Pb(CH_3COO)_2 + Na_2S \longrightarrow \underset{\text{黑色}}{PbS\downarrow} + 2CH_3COONa$$

S^{2-}与亚硝酰铁氰化钠作用呈紫色，反应式为：

$$Na_2S+Na_2Fe(CN)_5NO \longrightarrow \underset{\text{紫色}}{Na_4Fe(CN)_5(NOS)}$$

【实验器材和药品】

器材：	干燥的小试管（或特制的钠熔管）1 支			药品：	金属钠
	试管夹	1 把，三角架	1 个		滤纸
	镊子	1 把，漏斗架	1 个		10%醋酸铅溶液
	坩埚	1 支，坩埚钳	1 把		0.5%亚硝酰铁氰化钠溶液
	小刀	1 把，石棉网	1 块		待测样品：对氨基苯磺酸
	漏斗	1 支，煤气灯	1 支		

【实验方法】

（本实验注意事项同实验三）

取待测样品（对氨基苯磺酸）少许（约大米粒大小），与金属钠共熔，其方法与实验三相同，即熔融混合物的试管趁热投入盛有 1-2mL 蒸馏水的小坩埚中，使试管炸裂，流出内容物。加热至沸，使硫化钠迅速溶解。因待测样品在金属熔化时发生炭化，所以得到的溶液常夹杂有炭的微细颗粒而呈黑色。为除去炭粒，将溶液滴在 3cm×3cm 大小的滤纸的相对的两个角上。这时炭即停留在滤纸角上，而在两角上部被无色的滤液润湿。于一角被无色溶液润湿的部分上滴一滴 10%醋酸铅溶液则呈黑色。于另一角的润湿部分加上 0.5%亚硝酰铁氰化钠溶液则呈紫色。

思 考 题

检测硫元素的实验方法，根据是什么？

实验五　有机化合物中卤素的检测

【实验目的】

掌握有机化合物中卤素的检测方法。

【实验原理】

检测卤素的方法基本上与检测氮、硫元素的方法相似，即将待测样品与金属钠共熔，使有机化合物中卤素以离子形式存在：

$$(\cdots X\cdots) + Na \longrightarrow NaX$$

溶于水中时

$$NaX \longrightarrow Na^{+} + X^{-}$$

卤离子可用 $AgNO_3$ 溶液检出：

$$Ag^{+} + X^{-} = AgX\downarrow$$

如果样品中同时含有氮、硫等元素时则应除去，将氮元素转化为HCN，将硫元素转化成 H_2S。HCN 和 H_2S 均具有挥发性，加热时即可除去。

【实验器材和药品】

器材：	药品：	待测样品：
干燥的小试管（或特制的钠熔管）1支	金属钠	二溴代苯、浓硝酸
试管夹　1把，三角架　1个	乙醇	
镊子　1把，漏斗架　1个	硫酸亚铁	
坩埚　1支，坩埚钳　1把	2mol/L 盐酸	
小刀　1把，石棉网　1块	10%醋酸铅溶液	
	0.5%亚硝酰铁氰化钠溶液	
漏斗　1支，煤气灯　1支	1% $FeCl_3$	
	3% $AgNO_3$	
	pH 试纸	

【实验方法】

取二溴代苯（约米粒大小）与金属钠共熔（方法同N、S元素鉴定）得2～3mL含 X^{-} 离子的溶液，用N、S元素鉴定方法确定是否含有N、S杂质。如有，应在滤液中加1～2滴浓硝酸酸化（用pH试纸检查），在小火上加热将滤液煮沸[注1]。然后取滤液5滴加2滴0.5% $AgNO_3$ 溶液，观察有无沉淀形成，如有则证明待测样品中含有卤素[注2]。

[注1]加热煮沸可将HCN、H_2S 除去，为了除去完全，可继续煮沸10～20秒钟，但切勿使滤液煮干。

[注2]AgCl是白色沉淀，AgBr为黄色沉淀，AgI沉淀的颜色比AgBr稍深。

思　考　题

本实验中为什么一定要除去 S^{2-} 和 CN^{-}？除去它们的方法依据是什么？

实验六　阿贝（Abbe）折光仪的使用

【实验目的】

了解阿贝（Abbe）折光仪的基本原理和使用方法。

【实验原理】

光在不同介质中传播速度不同，当光的传播方向与两种介质的界面不垂直时，则在界面处的传播方向发生改变。这种现象称为光的折射现象，如图 4-2 所示。

根据折射定律 $\frac{\sin\alpha_1}{\sin\alpha_2}=\frac{N_2}{N_1}$（$\alpha_1$ 入射角、α_2 折射角）

若介质 Ⅰ 是真空，则定其 $N_1=1$，于是：$\frac{\sin\alpha_1}{\sin\alpha_2}=N_2$

这时介质Ⅱ的折光率以真空为标准，称为绝对折光率。通常所说的折光率是以空气为标准的，称为常用折光率。

折光率是有机化合物最重要的物理常数之一。它能精确地测定出来，作为液体物质纯度的标准，它比沸点更为可靠。利用折光率还可以鉴别未知化合物。如果一个化合物是纯的，那么就可以根据所测得的折光率排除考虑中的其他化合物而识别出这个未知化合物来。

折光率与物质本身的结构有关，还与测定时所用光线波长、温度、压力等因素有关。所以某物质的折光率要标明所用光源和温度，如 n_D^{20} 表示 Na 光灯 D 线（5893Å）作为光源，测定温度为 20℃。由于大气压对折光率影响不明显，所以只在很精密的工作中才考虑压力的影响。一般地说当温度增高 1℃时，液体的折光率就减少 $3.5\times10^{-4}\sim5.5\times10^{-4}$。在实际工作中往往把某一温度下的折光率换算成另一温度下的折光率。

【实验器材和药品】

器材：	阿贝（Abbe）折光仪	药品：	苯
	恒温循环水槽		乙醚
	擦镜纸		环已烷
			精制乙酸乙酯

【实验方法】

1. 准备工作

（1）对照图 4-2 熟悉阿贝（Abbe）折光仪各部位的名称及其功能。

（2）在开始测定前必须先用标准玻璃块校正仪器的读数。如果读数有偏差，旋转十字标线调节螺钉，校正到标准值。在以后的测定过程中该螺钉不允许再动。这一操作一般在实验开始前由老师完成。

（3）测试开始前必须先将与被测物接触的两棱镜面（一面是光面，另一面是磨砂面）用擦镜纸擦拭干净，在镜面上滴 1～2 滴乙醚或乙醇，再用擦镜纸擦干。待镜面上液体完全挥发后，再滴加待测样品。

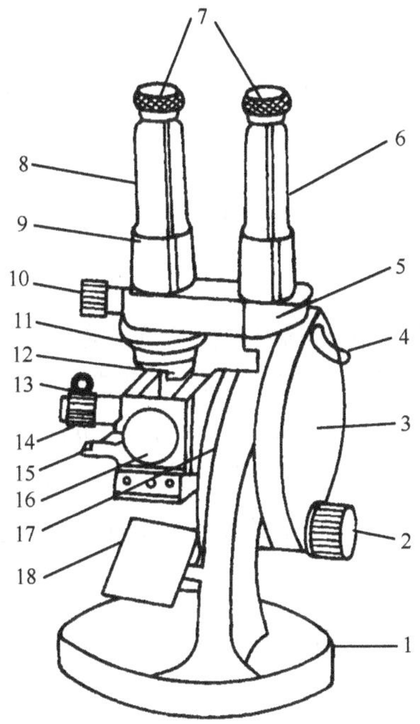

图 4-2　阿贝（Abbe）折光仪构造

1. 底座；2. 棱镜转动手轮；3. 圈盘组（内有刻度盘）4. 小反光镜；5. 支架；6. 读数镜筒；7. 目镜；8. 望远镜筒；9. 示值调节螺钉；10. 阿米西棱镜手轮；11. 色散值刻度圈；12. 棱镜锁紧搬手；13. 棱镜组；14. 温度计座；15. 恒温器接头；16. 保护罩；17. 主轴；18. 反光镜

2. 测定工作

（1）在恒温水接口处接上 20℃恒温槽的循环水。温度计插口处插上温度计。等温度计读数达到 20℃时开始测试工作。

（2）在棱镜组的磨砂镜面上（进光棱镜）滴加 2～3 滴待测液体样品，旋转棱镜锁紧板手，使两棱镜面吻合，此时样品均匀地充满两棱镜面之间的空隙，并且液层内应无气泡。

（3）调节两反光镜使读数镜筒和望远镜筒内视野明亮。旋转手轮使望远镜筒内视野无彩色，明暗分界线清晰。然后旋转棱镜转动手轮，使明暗分界线恰好通过视野中十字线的中心。此时从读数镜筒视野中读出所示数字，即待测液体的折光率。

【注意事项】

（1）阿贝（Abbe）折光仪最贵重的部分是几个棱镜，特别是与样品直接接触的两个棱镜面。加样品或清洗时一定不能使滴管口或其他硬物接触镜面。擦拭镜面要用擦镜纸或洁净的脱脂棉，禁止用手接触镜面。以上规定都是为了防止镜面出现划痕。

（2）测试完毕立即将镜面样品擦拭干净，以免棱镜周围黏合剂受到侵蚀。

（3）测试完成后做好仪器各部分的清洁工作。然后将仪器放入木箱内，箱内应有干燥剂，保持干燥，防止棱镜镜面吸收空气中水分，以致镜面腐蚀。

（4）应避免对仪器的强烈振动和撞击，以防止零件受磨损而影响精度。

实验七　用旋光仪测定葡萄糖、果糖的含量

【实验目的】

了解旋光仪的构造，掌握旋光仪的使用方法。

【实验原理】

能使偏振光的振动面发生旋转的物质叫做旋光性物质。旋光性物质使偏振光的振动面旋转的角度叫做旋光度。它随着溶液的浓度、光通过液层的厚度（即旋光管的长度）、温度以及光源的种类而改变。对同一物质而言，在同一条件下测得的旋光度为常数。当偏振光通过 1g/mL 的旋光性物质，并且液层的厚度为 1dm（分米）时，偏振光被旋转的角度称做比旋光度，用$[\alpha]_D^{25}$表示，并附上测定的温度及波长。一般多在 25℃，并用钠光源进行测定，比旋光度写成：$[\alpha]_D^{25}$。

测定时如果旋光性物质的浓度不是 1g/mL，且旋光管的长度（液层厚度）不是 1dm 时，比旋光度可按下面公式计算：

$$[\alpha]=\frac{\alpha}{L\cdot C}$$

α：旋光度（测定值）

L：液层厚度（旋光管的长度），以 dm 为单位

C：溶液的浓度，以 g/mL 为单位

旋光仪构造示意图（图 4-3）

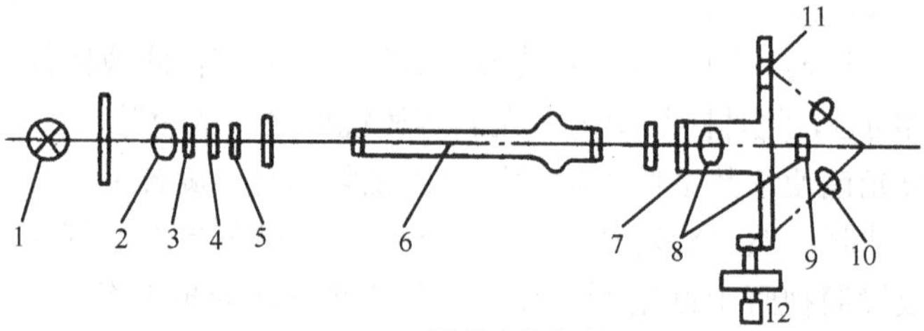

图 4-3　旋光仪构造示意图

1. 钠光源；2. 聚光镜；3. 滤色镜；4. 起偏器；5. 半荫片；6. 旋光测定管；7. 检偏器；8. 物镜、目镜组；9. 聚焦手轮；10. 放大镜；11. 读数度盘；12. 测量手轮（与检偏器一起转动）

旋光仪的种类很多[注 1]，但基本构造大同小异，光路如图 4-3 所示。1 表示光源，最好用钠光灯为光源。用一般光源时，应使光通过黄色的滤色镜 3，再进入起偏棱镜 4（尼科尔棱镜），即变为偏振光。6 为旋光管，7 为检偏镜。如果起偏镜与检偏镜的光轴是平行的，此时在旋光管中加入不具有旋光性的蒸馏水时，则偏振光不发生偏转，可以通过检偏镜，这时视野明亮，我们可定这一点为零点。然后将旋光性物质配成的溶液加入旋光管中，当偏振光通过溶液时，偏振光被旋转某一角度 α，此时偏振光不能完全通过检偏镜，只有偏振光在检偏镜光轴方向的分量可以通过，视野变暗。如果将检偏镜也转过一定角度，又使偏振光振动方向与检偏镜光轴平行，此偏振光又可以全部通过检偏镜，这时转过的一定角

度 α，即为该旋光性物质的旋光度。这就是测定旋光度的基本原理。

但在实际工作中观察明亮视野，往往会发生误差。故比较易于观察的仪器是半影式旋光仪或三影式旋光仪，其测定原理同上。但在构造上由于有两个光轴夹角为 δ 的起偏镜，故得到两束振动方向夹角为 δ 的偏振光，则视野就是半影式或三影式[注 1]。视野图像决定于两束偏振光在检偏镜光轴方向的分量，如图 4-4 所示：

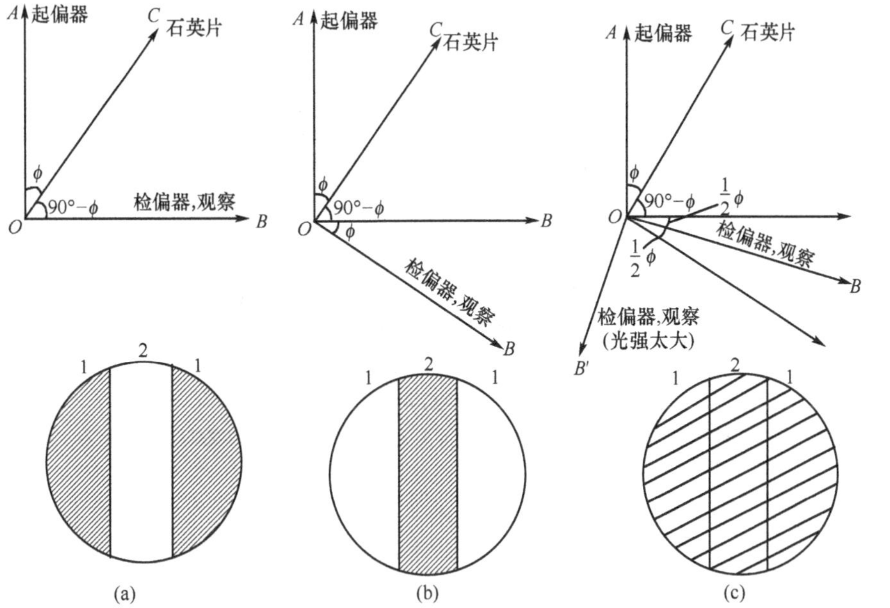

图 4-4　偏振光在检偏镜光轴方向分量与视野图象的关系

如果我们把视野均匀的图像作为零点，换上被测溶液，调节检偏镜光轴再得到一个视野均匀的图像，这两个图像之间检偏镜转过的角度即为被测溶液的旋光度。

【实验器材和药品】

器材：　旋光仪一台　药品：　葡萄糖溶液
　　　　旋光管三支　　　　　果糖溶液
　　　　　　　　　　　　　　蒸馏水

【实验方法】

（1）仪器零点测定：打开仪器钠光灯源，预热 5 分钟。将蒸馏水装入旋光管，注意旋光管中不留有气泡。调节检偏镜（光轴）位置，在视野中得到一个均匀的图像，读出刻度盘所指示的读数，即为零点。

（2）旋光度的测定：旋光管内改装葡萄糖溶液。同上，调节检偏镜位置，使视野中又得到一个均匀的图像，读出刻度盘所指示的读数，该读数与零点的差（两个均匀图象之间，检偏镜所转过的角度）即旋光度。

（3）按公式 $[\alpha]=\dfrac{\alpha}{L\cdot C}$ 计算葡萄糖溶液的浓度。葡萄糖 $[\alpha]=+52.5°$ 。

（4）用同样的方法测定果糖溶液的旋光度，并计算出果糖溶液的浓度。果糖的 $[\alpha]=-92°$ 。

[注 1] 半影式起偏镜的小尼科尔棱镜是放在大棱镜的前面，占视野的一半，故可见两个半影。而三影式的小棱镜是放在大棱镜的中间位置上，在视野里可见三影图像。

思 考 题

葡萄糖是右旋糖，果糖是左旋糖，在旋光仪上如何反映出来（图 4-5）？

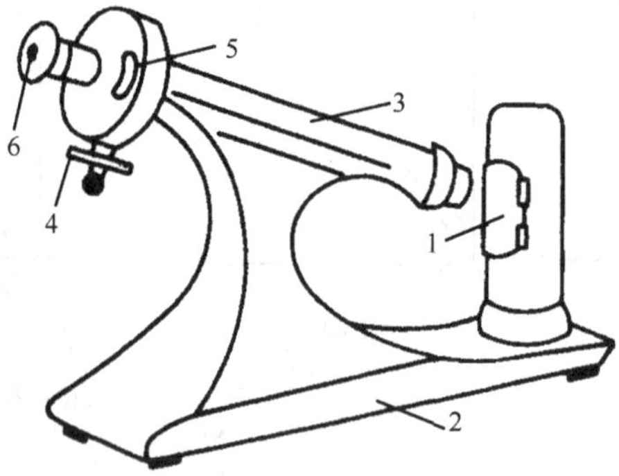

图 4-5　WXG-4 型旋光仪

1. 钠光源；2. 支座；3. 旋光测定管；4. ；测定手轮；5. 读数度盘；6. 目镜

（王玉玲）

第五章　有机物的分离与提纯

实验八　乙醇的蒸馏

【实验目的】

通过蒸馏法浓缩稀酒精，掌握普通蒸馏技术。

【实验原理】

将液体加热至沸腾，使液体变为蒸气，冷却再凝结为液体，这两个过程的联合操作称为蒸馏。乙醇 C_2H_5OH 为无色透明液体，沸点 78.5℃。可以与水以任意比混溶，稀酒精蒸发时蒸气中乙醇含量增高，因而可借助蒸馏法提高酒精浓度，用蒸馏法制得的酒精中含乙醇约 95.5%，水 4.5%，此时沸点为 78.15℃。所余之水不能用蒸馏法除去。

【实验器材和药品】

器材：	普通蒸馏装置	1 套	药品：	稀酒精
	铁架台（附铁夹）	2 个		沸石
	三角架	1 个		
	锥形瓶	1 支		
	漏斗	1 支		
	量筒	1 支		
	石棉网	1 个		
	酒精比重计	1 套		

【实验方法】

取蒸馏烧瓶、冷凝器、温度计（100℃）、接收管、接收瓶以及铁架台、铁夹、铁圈等，参照第三章图 3-3 安装普通蒸馏装置（安装仪器的顺序是从下到上，从左到右）。

确认装置安装合格后，取下温度计，向 250mL 蒸馏瓶中加稀酒精 150mL（并测定稀酒精的比重）。再放入沸石 2～3 粒，塞好温度计的塞子，通入冷却水，于水浴锅中加热[注]。蒸馏速度保持每秒 2～3 滴，收集三段蒸馏液：①78℃以下，②78～84℃，③84～88℃。将各段蒸馏出的酒精，用量筒测定其体积后，倒入指定的回收瓶中；可用酒精比重计测定各部分的乙醇含量，或用沸点测定法测其含量（表 5-1）。

表 5-1　酒精浓度与沸点和馏出物浓度的关系

被蒸酒精的乙醇浓度（容量%）	沸点（℃）	蒸出液的乙醇浓度（容量%）
95.5	78.15	95.5
90	78.8	92
70	80	89
60	81.2	87
50	82.5	85

续表

被蒸酒精的乙醇浓度（容量%）	沸点（℃）	蒸出液的乙醇浓度（容量%）
40	83.8	82
30	85	78
20	87.5	71
18	88.8	68
15	90	66
12	91.3	61
10	92.5	55
7	93.8	50
5	95	42
3	96.3	36
2	97.5	28
1	98.8	13
0	100	0

如将各段蒸馏液再行蒸馏，则可逐渐提高蒸馏液中乙醇的百分含量。

[注]蒸馏纯度很高的酒精时，应当使用水浴加热。只有很稀的酒精溶液才可用石棉网加热，工作前要做好防火准备，单纯酒精起火，可用水扑灭！

思 考 题

（1）用普通蒸馏法常不能将两个液体混合物（特别是沸点相差不远的液体混合物）通过一次蒸馏就能分离得很彻底，这是什么原因？应当采用何种蒸馏方法？才能提高蒸馏效果？

（2）一种液体是否纯粹，在蒸馏过程中怎么能够知道？

（3）在蒸馏过程中为什么要控制馏出速度？

实验九　萘与萘酚混合物的分离

【实验目的】

（1）学会水蒸气蒸馏的操作方法；

（2）掌握水蒸气蒸馏的原理。

【实验原理】

萘不溶于水，蒸气压较大（10mmHg 85.8℃；40mmHg 119.3℃），能随水蒸气挥发。β-萘酚可溶于碱溶液形成酚盐，成盐后不能随水蒸气挥发，因此通过水蒸气可将混合物中萘与 β-萘酚分离。

【实验器材和药品】

器材：

水蒸气发生器	1 套
圆底烧瓶或三颈瓶	1 个
圆底烧瓶 100mL	1 个
冷凝器	1 个
量筒 100mL	1 个
锥形瓶（250mL）	2 个
减压过滤装置	1 套
铁台（附铁夹、铁圆）	3 个
上皿天平	1 台
石棉网	2 个

药品：萘和 β-萘酚（1∶1）混合物

1mol/L NaOH

2mol/L HCl

稀酒精（含乙醇 30%）

活性炭

【实验方法】

按照水蒸气蒸馏装置图（第三章图 3-5）安装器材。称取 4 克萘与 β-萘酚混合物置于蒸馏瓶或三颈瓶中，加入 1mol/L NaOH 20mL。加水于水蒸气发生器里，水量不超过容器容量的 3/4。然后将塞塞好，加热水蒸气发生器，向蒸馏瓶或三颈瓶中通入蒸气，直至冷凝器内无油状物或结晶流出时，停止蒸馏。蒸馏出来的结晶萘经减压过滤、抽干，放在干燥器里干燥。干燥后称重，计算出收率。

向蒸馏瓶内液体滴加 2mol/L HCl 直至不再析出沉淀，减压过滤、抽干。得到的产物为粗 β-萘酚。如欲得到纯品，需对粗 β-萘酚进行精制。精制 β-萘酚可采用再结晶法。

取上面粗 β-萘酚置于 10mL 圆底烧瓶里，加 30mL 稀酒精，在瓶口处加一回流冷凝器，于水浴上回流加热溶解。如果固体物质不能完全溶解，再补充适量稀酒精。待完全溶解后，在热水浴上逐滴加入蒸馏水，直至溶液混浊。然后再加数滴酒精，使溶液澄清。稍冷，加适量活性炭，加热回流数分钟。趁热保温过滤，将滤液静置，自然冷却后析出结晶。减压过滤、抽干。将得到结晶干燥，称重，并计算精制 β-萘酚的收率。

思 考 题

（1）具有什么条件的物质才能用水蒸气蒸馏的方法进行粗制？

（2）水蒸气蒸馏装置的蒸馏瓶为什么要倾斜 30°～40°？

（3）进行水蒸馏时，如果有馏出物固体附着在冷凝器里，大量结晶甚至可将冷凝器内管阻塞，应采取什么措施以避免阻塞？

实验十 两种染料混合物的分离——柱色谱法

【实验目的】

通过两种染料的分离过程掌握柱色谱的基本操作方法。

【实验原理】

结构不同的物质在同一吸附剂上的亲和力常不相同，因此可用不同溶剂分别洗脱，借以达到分离的目的。

【实验器材和药品】

器材		药品
色谱玻璃管	1 支	荧光黄
铁台（附铁夹子）	1 个	次甲基兰
搅伴棒	1 根	酒精（95%乙醇）
橡皮管	1 支	活性氧化铝
螺旋夹	1 段	滤纸（或玻璃棉与细砂）
		0.1M NaOH 溶液

【实验方法】

取层析用玻璃管一支（长 20cm，内径 1cm 下端抽成尖，连有橡皮管和螺旋夹），用处理好的活性氧化铝装柱：首先用玻璃棉少许塞住玻璃管的下端，然后放入洁净的砂子压平后[注1]装入氧化铝，一边填装一边用铅笔敲打玻璃管，或用扁平头的玻璃棒轻轻压实，不使留有空隙，至柱高约 10cm 时，在氧化铝的上面再盖上 5mm 厚的洁净的砂子（或盖上一层滤纸）。柱装好后，放入酒精，待酒精通过柱体开始从柱的下口滴出后旋紧螺旋夹，保持酒精高出砂子的表面，放置待用。

取荧光黄和次甲基兰的混合溶液（荧光黄和次甲基兰各 25mg 溶于 95%乙醇 25mL）1mL 放于柱上，旋开下面螺旋夹，使液体按每秒 1～2 滴速度流出。当混合物的溶液降到与砂子表面一平时，加入酒精，并保持酒精面不低于砂子的表面，直到两个色素中有一个从柱中洗出。然后改用[注2]将第二个色素洗出。用锥形瓶分别收集两种染料，交与指导教师。

请示教师将色谱柱洗净待用。

[注 1] 如果色谱柱底部做的平整，可放上一层较厚的滤纸，不必使用玻璃棉和砂子。

[注 2] 如果使用的吸附剂是中性氢氧化铝萤光黄吸附较牢，此时用水不易洗脱，可改用 0.1M NaOH 溶液即可。

思 考 题

1. 使用色谱柱可将混合物分离的根据是什么？
2. 填装色谱柱时应该注意什么？

实验十一 氨基酸的分离和鉴定（纸色谱法）

【实验目的】

掌握纸色谱技术。

【实验原理】

以滤纸为惰性支持物，利用滤纸上吸附的水层为固定相，与水不相混溶的有机溶剂作为流动相，由于不同物质在两相中的分配不同，从而达到使混合物分离的目的。

【实验器材和药品】

器材：	培养皿（12cm）	1 对	小培养皿	1 个
	钻孔器	1 个	铅笔	1 支
	喷雾器	1 个	分液漏斗（500mL）	1 个
	毛细管	3 支	滤纸（15cm）	1 块
	电吹风机	1 个	刀片	1 个

药品：

样品：0.5%赖氨酸水溶液、0.5%亮氨酸水溶液、赖氨酸和亮氨酸混合液（1∶1）。

展开剂：冰醋酸 5mL、水 15mL 和正丁醇 20mL 混合后静置弃去水层。

显色剂：0.1%水合茚三酮正丁醇溶液。

【实验方法】

取直径约 15cm 的层析用圆形滤纸一块，在中心打一个小圆孔，中间装入一小滤纸卷作为灯芯，于纸中心等距离 1cm 直径处用铅笔划一圆圈或作四个记号，其中的两处为 0.5%赖氨酸水溶液和 0.5%亮氨酸水溶液，其余两处为赖氨酸和亮氨酸的混合液。点样品时，每点一次样品后，一定要等待干燥后再点第二次样品，每个斑点直径以不超过 0.3cm 为宜，每个样品可点两次。待点样品干后，将滤纸灯芯放在盛有展开剂的小培养皿内（小培养皿放在大培养皿中间），将另一大培养皿盖上，使其密封，待展开剂前沿距基线（原点）6cm 左右时，取出滤纸用铅笔描出溶剂前沿界线放在空气中干燥或用吹风机吹干，然后均匀的喷上 0.1 水合茚三酮正丁醇溶液，放烘干箱中 100℃烘 5 分钟或用热吹风吹干，即显出各样品的斑点。然后把每个斑点中心标出，并计算出各已知氨基酸的 R_f值和未知物的 R_f值。确定未知物是何种氨基酸。

每一个化合物具有一定的 R_f值，R_f值可作为定性分析的依据，其计算公式为：

$$R_f = 原点到层析点中心的距离 / 原点到溶剂前沿的距离$$

实验十二　反-偶氮苯和顺-偶氮苯的分离（柱色谱）

【实验目的】

掌握柱色谱的基本操作技能及其基本原理。

【实验原理】

本实验是利用氧化铝吸附柱色谱，将混合物反-偶氮苯和顺-偶氮苯分开。它们是一对几何异构体，用经典方法很难分离，但是由于它们的极性不同，反型比顺型的极性小，氧化铝对前者吸附较弱。因此，用极性较小的洗脱剂（石油醚）反-偶氮苯先被洗下，然后用极性稍大的洗脱剂（乙醇）将顺-偶氮苯洗下，从而将两种化合物分开。

【实验器材和药品】

器材：

层析用玻璃管	1 支
铁台（附铁夹子）	1 个
聚乙烯管	1 段
铅笔	1 支
锥形瓶 50mL	4 个
量筒　10mL	1 个
吸管　20cm	2 个
玻璃棒 20cm	1 个
电磁搅拦器	1 台
紫外灯 Hanovia 16 型	1 台

药品：

氧化铝　4g

石油醚（69°～90°）约 30mL

乙醇（95%）约 10mL

反-偶氮苯和顺-偶氮苯石油醚溶液

【实验方法】

1. 装柱　将层析用玻璃管（长 20cm，内径 1cm）垂直固定，柱下端放一锥形瓶，先在柱中加入约 15mL 石油醚，称 4g 氧化铝，慢慢撒入柱中，并用铅笔轻敲色谱柱，当氧化铝沉降的同时让溶剂缓缓地从柱下端流出，最后氧化铝上面盖一层细砂（约 5mm），或盖一圆形滤纸，然后放出多余的石油醚，使石油醚稍高出细砂表面，关闭螺旋夹。

2. 加样洗脱　用吸管吸取经紫外线照射过的含有偶氮苯顺、反型混合溶液 5 滴，小心地滴加在柱中，旋开螺旋夹，使样品液面又与砂面一平，再用少量石油醚冲洗一次，放出多余液体。然后再加一定量石油醚进行洗脱。洗脱速度以每秒 1 滴左右为宜。当橙色的色带前沿到达柱的底部时。更换接收瓶，直至滴出液无色为止，更换另一接收瓶，改用乙醇继续洗脱，至黄色色带流出。改用另一接收瓶收集，直至黄色滴完为止。

分离开的顺、反型偶氮苯溶液分别除去溶剂，得固体结晶，可以进行熔点测定，也可以用薄层色谱检查（见实验十三薄层色谱实验）。

附注：

由偶氮苯制备顺-偶氮苯：取偶氮苯结晶 0.5 克溶于 20mL 石醚中，于 200mL 烧杯中在电磁搅拦下用紫外灯照射 1 小时，可以使一部分反-偶氮苯转变成顺-偶氮苯。操作中应注意防止紫外光灼伤眼睛。

思考题

（1）柱中若留有气泡或填充不匀对分离效果会有什么影响？

（2）本实验分离两化合物的原理是什么？

（3）在本实验中紫外线照射会起什么作用？

实验十三 顺、反-偶氮苯的比较（薄层色谱）

【实验目的】

掌握薄层色谱基本操作和作用原理。

【实验器材和药品】

器材：层析缸　　药品：苯
　　毛细管　　照射过的偶氮苯溶液
　　量 筒　　新配制的偶氮苯溶液
　　硅胶薄板

【实验方法】

1. 点样 取硅胶板一块，在距一端 1.5cm 处用铅笔划一横线，作为起始线，但不要划穿，然后在起始线上划两个小圆圈，用两支毛细管分别吸取新配制的偶氮苯溶液和用紫外线灯照射过的偶氮苯溶液，分别点在硅胶板起始线的圆圈内，晾干或用吹风机吹干。

2. 层离 取一干净、干燥的层析缸，放入展开剂（苯）约 10mL（约深 0.5cm）置于平稳的桌面上，取点好的硅胶板放入色谱缸中，盖上盖子，令其层离，待展开剂前沿扩散到板面顶端之前，取出硅胶板，并立刻划出溶剂前沿，然后将硅胶板放在毒气厨中晾干。

3. 计算 R_f 值 并分析比较样品在紫外光照射的前后所发生的变化。

思 考 题

薄层色谱法较其他几种色谱法有何优点？

实验十四　三种色素的薄层色谱

【实验目的】

进一步掌握薄层色谱的操作方法。

【实验器材和药品】

器材：	层析缸	1 支
	薄玻片（8cm×12cm）	
	吹风机	1 把
	毛细管	
	乳钵	1 支
	180 目筛	1 个
	振荡器	
	大玻璃板	

药品：硅胶（层析用）180 目以下

1%羧甲基纤维素钠

对甲氧偶氮苯（20mL/25mg CCl_4）

苏丹黄（10mg/mL CCl）

苏丹红（10mg/mL CCl_4）

混合溶液（每 mL 中均保持以上三种色素的含量）

展开剂：CCl_4∶苯=2∶1

【实验方法】

（1）硅胶薄层板制备：取层析用硅胶放乳钵中研匀，然后收集通过 180 目筛孔的硅胶。取一定量硅胶慢慢加入 1%羧甲基纤维素钠，并搅拌至浆糊状（10g 硅胶约须 18mL 的 1%羧甲基纤维素钠可制成 6～8 块薄层板）。涂于洗净烘干的薄层析用玻片上，将玻片放在大块玻璃上，下面用振荡器振荡，使硅胶涂布均匀。

放水平台上室温干燥 0.5～1 小时，然后放在 105℃烘箱内干燥 1 小时，干燥后储于干燥箱中，干燥剂为硅胶，$MgSiO_4$ 或 CaO。

（2）取一硅胶薄片，距一端 1.5cm 处用毛细管分别点上，对甲氧基偶氮苯苏丹黄、苏丹红及混合液。每次点的直径约 3mm，每点之间的距离不得小于 2cm，每点完一次，用吹风机热风吹干后再点第二次，共点三次。待所有样品点完后，吹干，将薄片放层析缸中，让展开剂的蒸气饱和（将层析缸一端垫高，不让展开剂接触到薄层板）10 分钟，然后让展开剂接触薄层片，但展开剂的液面不得超过点样品的高度。待展开剂的前沿上升到薄层片长的 4/5 高度时，取出，在前沿部位做好记号，在通风橱内用吹风机吹干。观察斑点移动的情况，并量各点的 R_f 值。

$$R_f = 原点到组分点中心的距离 / 原点到溶剂前沿的距离$$

（崔静瑕）

第六章　有机合成及制备

实验十五　甲苯氧化制备苯甲酸

【实验目的】

（1）通过实验加深芳烃侧链氧化变成羧基的感性认识。

（2）掌握有机实验中的回流加热的方法。

（3）掌握减压过滤操作。

【实验原理】

当苯环有侧链时，不管侧链长短，只要靠近苯环的碳原子（α-碳原子）上有氢原子，氧化产物均为苯甲酸。所以，利用氧化法，可以判定一芳香族化合物的侧链部分与苯环的连接关系。

用高锰酸钾氧化甲苯时反应速度较慢，需长时间加热。为防止甲苯因加热而挥发损失，在反应容器上安装球形冷凝器，可将蒸发出来的蒸汽冷凝成液体，流回反应容器。这样的加热方法叫回流加热法。回流加热法可以提高以挥发性物质为原料的产品产量。

【实验器材和药品】

器材：回流加热装置	1套	药品：甲苯	
减压过滤装置	1套	高锰酸钾	
量筒（10mL）	1个	6mol/L　HCl	
煤气灯	1个	固体 Na_2SO_3	
玻璃棒	1个	刚果红试纸	
托盘天平	1台		
烧杯（200mL）	2个		

【实验方法】

1. 回流　在250mL圆底烧瓶中，放入3.4g高锰酸钾和60～70mL蒸馏水，稍加摇匀后，再放入甲苯1g（约1.2mL），及几粒沸石。安装上一球型冷凝器（图6-1）。于石棉网上加热至沸，并保持回流2小时左右。回流过程中应时加振荡，以保证正常沸腾、充分反应。

2. 抽滤　停止加热后，稍微冷却，用抽滤（减压过滤）法滤去固体 MnO_2，并用10～25mL蒸馏水冲洗 MnO_2 沉淀二次。将滤液和洗液合并于200mL烧杯内。

3. 酸化　用6mol/L HCl酸化烧杯内液体至刚果红试纸呈明显的深蓝色（此时溶液pH值≤3），此时应有白色苯甲酸结晶析出。如果溶液仍呈淡棕色（或紫色），可加少许固体 Na_2SO_3，至溶液无色。（注意溶液呈无色时，要检查溶液的pH，一定呈酸性，否则析出的苯甲酸又

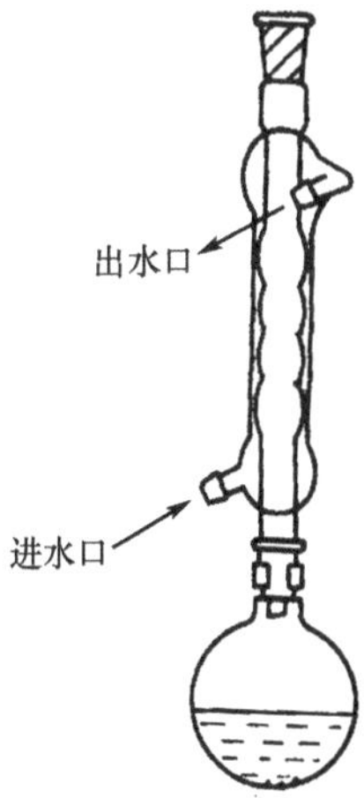

图6-1　回流装置

成盐而溶于水)。

4. 抽滤得产品 将析出苯甲酸晶体的溶液,减压过滤,收集结晶产品,滤液浓缩至15～20mL,再冷却(先用冷水冷却,再用冰水冷却),同时用玻璃棒搅拌并磨擦内壁以促进苯甲酸析出结晶。抽滤,将两次所得苯甲酸合并。自然干燥,称量并计算产率。

【注意事项】

(1)回流时间,一定要保证2小时,否则产率低。回流时温度不要过高,否则甲苯处于气态,影响产率。

(2)加入Na_2SO_3的量不应过多,且加入后要充分振荡,并要保持溶液呈强酸性。

思考题

(1)加入Na_2SO_3后,溶液已无色透明,但无苯甲酸沉淀析出,估计一下可能原因?

(2)本实验中为何采用回流加热?

(3)减压过滤中,应注意哪些问题?

实验十六　乙酸乙酯的制备

【实验目的】

（1）了解用有机酸合成酯的一般原理及方法。

（2）掌握蒸馏操作方法及分液漏斗的使用。

【实验原理】

乙酸与乙醇在酸的催化作用下可以生成乙酸乙酯，反应式为：

$$CH_3COOH + CH_3CH_2OH \underset{115\sim125^\circ C}{\overset{H^+}{\rightleftharpoons}} CH_3\overset{\overset{O}{\|}}{C}-O-C_2H_5 + H_2O$$

【实验器材和药品】

器材：乙酸乙酯的制备装置	1 套	药品：	冰醋酸
锥形瓶	1 个		乙醇（95%）
分液漏斗	1 个		浓 H_2SO_4
分液漏斗架	1 个		碳酸钠
石棉网	1 个		无水硫酸镁
铁架台（附铁夹）	2 个		饱和食盐水
三角架	1 个		氯化钙饱和溶液

【实验方法】

向 125mL 的三颈瓶中放入 15mL 乙醇，在用冷水冷却的同时，一边振摇一边分批加入 8mL 浓硫酸，使混合均匀，加入几粒沸石。在三颈瓶的中间口和一侧口分别插入 60mL 滴液漏斗及温度计，漏斗的脚口及温度计的水银球必须浸入液面以下，距瓶底 0.5～1cm 处。三颈瓶的另一侧口装一根弯玻璃管与直型冷凝管直接相连，直型冷凝管通过一接引管与烧瓶相连（图 6-2）。

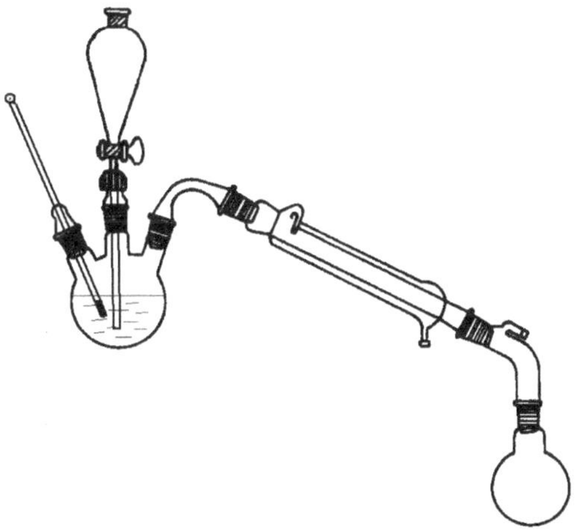

图 6-2　乙酸乙酯制备装置

将三颈瓶在石棉网上加热，当反应液温度升到 115～125℃时，通过滴液漏斗滴加由 20mL 95%乙醇（0.3mol）和 20mL 乙酸（0.3mol）的混合液，控制滴加速度与蒸出液体的速度相同[注 1]，并始终维持反应液温度在 115～125℃之间，滴加完毕后继续加热数分钟，直到反应温度升到 130℃时不再有液体馏出。

在蒸馏液中慢慢加入饱和碳酸钠溶液约 15mL[注 2]，直到不再有 CO_2 气体产生。然后将混合液移入分液漏斗，分出下层水层，酯层先用 10mL 饱和食盐水洗涤一次[注 3]，再用饱和氯化钙溶液 40mL 分两次洗涤。最后分出下层液，酯层从分液漏斗上口倒入一干燥的锥形瓶中，用无水硫酸镁干燥半小时以上。

将干燥后的酯层进行蒸馏。收集 73～78℃的馏分，产率在 60%左右。

乙酸乙酯为无色有香味的液体，沸点为 77.06℃，折光率 n_D^{20} 为 1.3723。

[注 1] 若滴加速度太快则乙醇和乙酸可能来不及完全反应就随着酯和水一起蒸出，从而影响酯的产率。

[注 2] 在馏出液中除了酯和水外，还含有未反应的乙醇和乙酸，也还有副产物乙醚。故必须用碱除去其中的酸，并用饱和氯化钙溶液来除去未反应的醇。否则会影响到酯的产率。

[注 3] 当酯层用碳酸钠洗后，如果马上用氯化钙溶液洗涤，有可能产生絮状的碳酸钙沉淀，从而影响进一步的分离。因此在这两步操作之间必须用水洗一下。由于乙酸乙酯在水中有一定的溶解度，为了减少由此造成的损失，应当用饱和食盐水来进行洗涤。

思 考 题

（1）酯化反应有什么特点？在实验中如何促使酯化反应向生成物方向进行？

（2）本实验中如果乙酸过量是否合适？为什么？

实验十七 乙酰苯胺的制备及其精制

【实验目的】

（1）学习苯胺乙酰化的实验方法。

（2）掌握重结晶的操作技术。

【实验原理】

苯胺与冰醋酸加热时可发生如下反应：

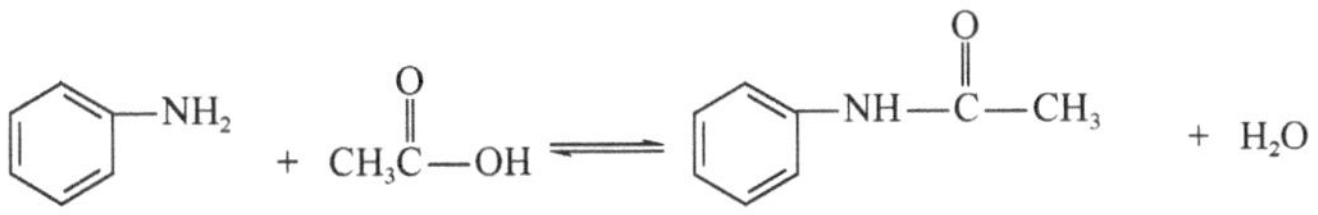

反应得到的粗产品经重结晶法精制后可得纯乙酰苯胺。

【实验器材和药品】

器材：		药品：
制备装置	1 套	苯胺 5.1g（5mL）
石棉网	1 个	冰醋酸 7.8g（7.4mL）
煤气灯	1 个	锌粉 0.1g
铁架台（附铁夹、铁圈）		颗粒状活性炭 1g
三脚架	1 个	
温度计（200℃）	1 个	
减压过滤装置	1 套	
保温漏斗	1 个	
烧杯（200mL）	2 个	
搅拌棒	1 个	
量筒（10mL）	1 个	
量筒（100mL）	1 个	
锥形瓶（100mL）	2 个	

【实验方法】

在锥形瓶的瓶口处装一个分馏柱，柱顶插一支 200℃温度计，用一个锥形瓶收集蒸出液（如装置图 6-3 所示）。

在锥形瓶中放入 5mL 苯胺、7.4mL 冰醋酸及 0.1g 锌粉[注 1]，放在石棉网上用小火加热至沸腾。控制火焰保持温度计读数在 105℃左右。经过 40～60min，反应生成的水（含少量醋酸）可完全蒸出。当温度计的读数上下波动时（或反应容器内出现白雾），反应即到达终点，停止加热。趁热将反应液缓慢倒入盛有 100mL 冷水的烧杯里，并不断搅拌。用冷水冷却，使粗乙酰苯胺以颗粒状析出。减压过滤，用玻璃塞把颗粒压碎，用 5～10mL 冷水洗涤一次，以除去残留的酸液。减压、抽干，得粗乙酰苯胺。

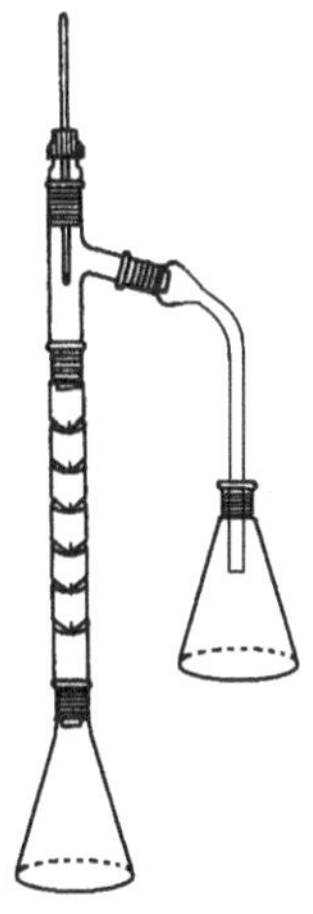

图 6-3 乙酰苯胺制备装置

将上面得到的粗乙酰苯胺转移到 100 mL 热水里，加热至沸腾。此时乙酰苯胺可溶于沸水中。如果仍有未溶解的油珠[注 2]，需补加热水，直到油珠完全溶解。放置数分钟[注 3]，加入 1g 颗粒状活性炭，用玻璃棒搅动，并煮沸数分钟。趁热保温过滤，冷却液即可析出无色片状的乙酰苯胺。减压过滤，尽量挤压除去水分。取出产物放进烘箱，于 100℃以下烘干。称重、计算产率。产量约 5g。

纯乙酰苯胺为无色片状结晶，熔点 114℃。

[注 1] 锌粉的作用是防止苯胺在反应中被氧化，但用量不可过多，否则在后处理中出现不溶于水的氢氧化锌沉淀。

[注 2] 此油珠是未溶于水但已熔化的乙酰苯胺。乙酰苯胺在不同温度下的溶解度为：25℃ 0.563g；80℃ 3.5g；100℃ 5.2g。

[注 3] 必须等溶液稍冷后再加活性炭，否则可引起暴沸。

思 考 题

（1）反应中为什么要保持蒸出的蒸气温度在 105℃左右？如果超过 118℃会引起什么后果？

（2）本实验应用什么原理来增加产品的产量？

实验十八　乙酰水杨酸的制备及其精制

【实验目的】

（1）加深对酰化反应的认识。

（2）进一步掌握减压过滤、重结晶等基本操作方法。

【实验原理】

水杨酸可与乙酸酐发生酰化反应。反应时，水杨酸分子中酚羟基的氢原子可被乙酰基取代，生成乙酰水杨酸，反应式如下：

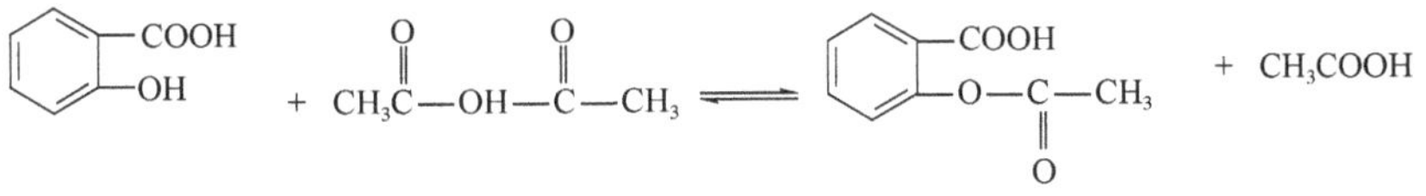

【实验器材和药品】

器材：锥形瓶（干燥）	100mL	1 个	药品：浓硫酸
量筒（干燥）	10mL	1 个	95%乙醇
量筒	100mL	1 个	水杨酸
烧杯	100mL	1 个	醋酸酐
温度计	100℃	1 个	
漏斗	1 个		
减压过滤装置	1 套		
水浴锅	1 个		
铁架台	1 个		
三脚架	1 个		
煤气灯	1 个		

【实验方法】

在锥形瓶中加入 3g 水杨酸[注 1]及 5mL 醋酸酐[注 2]，混匀后加入 5 滴浓硫酸[注 3]，等水杨酸完全溶解后，在锥形瓶口处用一个带有长玻璃管的软木塞塞紧，置于水浴中加热。保持水浴温度 80～85℃，不断振摇反应容器，经过 15～20 分钟，取出锥形瓶，将反应液倒进烧杯里。用 20mL 水分几次冲洗锥形瓶。很快就析出白色结晶。将烧杯用冷水冷却使结晶完全析出，减压过滤，并用少量冷水洗结晶一次。抽干，得粗乙酰水杨酸。

粗乙酰水杨酸的精制可采用重结晶法。将乙酰水杨酸的粗产品放入锥形瓶中，再加入 4～5mL 乙醇置水浴上加热片刻[注 4]，若仍未溶解完全，可再补加适量乙醇使其溶解，趁热过滤，在滤液中加 2.5 倍的热水，冷却后析出白色结晶，减压过滤，抽干。干燥后称重。计算产率。

[注 1] 水杨酸应当是完全干燥的，可在烘箱中于 105℃干燥。

[注 2] 醋酸酐在用前要重新蒸馏，收集 139～140℃馏分。

[注 3] 为加速酰化反应，需加少量浓硫酸作催化剂。硫酸可以破坏水杨酸分子中羧基

与酚羟基间所形成的氢键，使酰化反应容易进行。

[注 4] 重结晶时不宜长时间加热。因为在这样条件下乙酰水杨酸容易水解。

思 考 题

（1）进行酰化反应时所用的水杨酸和玻璃器材都必须是干燥的，为什么？

（2）实验中使用的醋酸酐必须在用前重新蒸馏，为什么？

（3）本实验能否用稀硫酸作催化剂？为什么？

（4）乙酰水杨酸重结晶时，应当注意什么？为什么？

实验十九　碘仿的制备

【实验目的】

（1）了解碘仿合成的一般原理及方法。

（2）掌握减压过滤操作方法。

【实验原理】

碘仿具有防腐、抑制分泌及轻度的镇痛作用。碘仿本身虽无杀菌作用，但溶在血清和创伤处的液体中，缓慢分解释放出碘，即有杀菌作用。特别是对产生还原物质的破伤风菌结核菌等尤为敏感。因此，可做创伤、溃疡的涂布剂。有机化合物中凡是具有$CH_3—\overset{\overset{O}{\|}}{C}—R(H)$或$CH_3—\overset{\overset{OH}{|}}{CH}—R(H)$结构的物质均可发生碘仿反应。

反应式如下：

$$CH_3COCH_3 + 3KI + 3NaOCl = CHI_3 + CH_3COONa + 2NaOH + 3KCl$$

【实验器材和药品】

器材：		药品：
烧杯 1000mL	1 个	碘化钾
刻度吸管 10mL	1 个	丙酮
量筒 1000mL	1 个	氢氧化钠
洗耳球	1 个	次氯酸钠
玻璃棒	1 个	硝酸银溶液（0.1mol/L）
洗瓶	1 个	
天平	1 台	
减压装置	1 套	
药匙	1 个	

【实验方法】

称取碘化钾 25g，放入盛有 1000mL 蒸馏水的烧杯中，搅拌溶解后，用刻度吸管加入 3mL 丙酮混匀，再加入 1g 氢氧化钠，搅拌溶解，然后，逐滴加入次氯酸钠溶液使碘仿析出。用玻璃棒磨擦器材内壁，促进结晶生成，放置自然冷却至室温，则有黄色结晶析出，嗅之有碘仿特有气味。减压过滤，收集结晶产品。取其滤液于烧杯中，滴加次氯酸钠溶液使碘仿析出，放置一会，过滤收集结晶。反复操作 2～3 次直到滤液没有碘仿析出。将几次结晶合并，用蒸馏水洗涤碘仿直到用硝酸银溶液检查没有混浊，取出碘仿晶体，避光在常温下自然干燥。如果需要可用乙醇重结晶。

实验二十　从茶叶中提取咖啡因

【实验目的】

（1）通过从茶叶中提取咖啡因，了解如何从天然产物中提取有效成分的方法。

（2）学习脂肪提取器的使用方法。

（3）学习用升华法精制有机物。

【实验原理】

茶叶的主要成分是纤维素，此外，还含有多种生物碱，其中以咖啡碱（或称咖啡因）最多，约占 1%～5%。另外还含有丹宁酸、色素及蛋白质等。

咖啡因是杂环化合物嘌呤的衍生物，具弱碱性，其结构式如下：

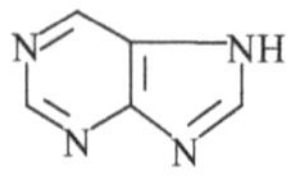

嘌呤

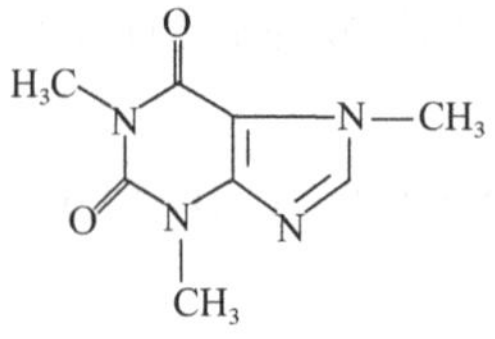

咖啡因

含结晶水的咖啡因为白色针状结晶，味苦。在 100℃时即失去结晶水，并开始升华，120℃时升华相当显著，至 178℃时升华很快。无水咖啡因的熔点为 234.5℃。

本实验采用乙醇在脂肪提取器中连续抽提，然后蒸去乙醇，得粗咖啡因。粗咖啡因中还含有其他一些生物碱和杂质，可利用升华方法进一步精制。

【实验器材和药品】

器材：	脂肪提取器 150mL	1 套	药品：	茶叶末	10g
	蒸馏瓶 250mL	1 个		95%乙醇	100mL
	蒸发皿（140C.C）	1 个		生石灰粉	4g
	表面皿（10cm）	1 个			
	水浴				
	砂浴				
	温度计（360℃）	1 支			

【实验方法】

1. 提取　称取茶叶末 10g，放入脂肪提取器（见第三章，图 3-14）的滤纸套筒中。在 250mL 蒸馏瓶中加入 50mL 95%乙醇，在脂肪提取器中加入 50mL 95%乙醇。水浴加热，连续提取 1～1.5 小时（虹吸 5～6 次）即可。

2. 蒸馏　当冷凝液刚刚虹吸下去时，立即停止加热，取出滤纸套筒及茶叶末，继续用原装置蒸馏乙醇。待提取器中乙醇快到虹吸管顶端时（此时大致可蒸出 80mL 左右乙醇）停止蒸馏。

3. 碱中和　此时蒸馏瓶中残液大约 10mL 左右（太多太少都不好进行下一步处理）。把残液倒入蒸发皿中，加入 4g 生石灰粉（起吸水和中和作用，以除去部分杂质），在蒸汽浴（见图 6-3）上不断搅拌蒸干成粉末状。

4. 升华（见第三章，图 3-4）在蒸发皿中放一刺有许多小孔（孔刺向上，孔径 1mm 左右）的滤纸，然后罩上一合适的表面皿，将蒸发皿放在砂浴上，小火加热升华，砂浴上层温度稳定在 200℃左右。当滤纸小孔上出现白色毛状结晶时，停止加热。冷至 100℃左右揭开表面皿，小心取出滤纸，将附在上边的咖啡因用小刀刮下、收集、测定熔点。

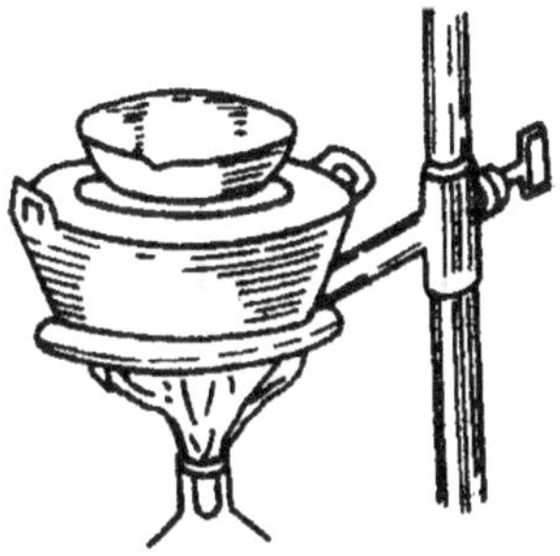

图 6-4　蒸汽浴加热

【注意事项】

（1）滤纸套大小要紧贴器壁又能方便取放，也可将茶叶先装入套筒内，然后再放入提取器中。茶叶末需包严，防止漏出堵塞虹吸管。

（2）蒸汽浴蒸干残液时，一定注意搅拌，否则残液飞溅，容易烫伤且影响收率。

（3）升华过程中应始终用小火加热，使砂浴上层温度稳定在 200℃左右，温度太高会使产物冒烟碳化，温度太低升华慢，收率低。

（4）脂肪提取器为较贵重的玻璃仪器，操作过程中，一定要小心谨慎，切勿损坏。特别是虹吸管部分，更应注意，勿用力捏拿。

思　考　题

（1）采用脂肪抽提取器从固体物质中提取有效组分，有何优点？

（2）未回流前，先往提取器中装 50mL 乙醇，此作法目的何在？

实验二十一 从橙皮中提取柠檬烯

【实验目的】

（1）了解橙皮中提取柠檬烯的原理及方法。

（2）掌握水蒸气蒸馏的原理及操作方法。

（3）掌握薄层色谱法的原理及操作。

【实验原理】

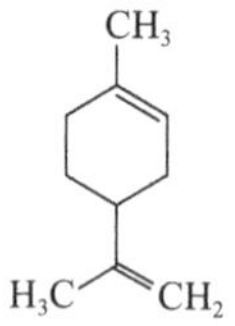

图 6-4 柠檬烯

从植物组织中提取的挥发性成分统称精油，在工业上经常用水蒸气蒸馏法收集精油。从柠檬、橙子和柚子等水果的果皮中提取的精油主要成分（90%以上）是柠檬烯，其结构式如图 6-4：

柠檬烯学名为 1-甲基-4-（1-甲基乙烯基）环己烯，是一种具有橙皮愉快香气的无色液体，不溶于水，溶于乙醇、丙酮等有机溶剂。柠檬烯是一种单萜烯，分子中有一个手性中心，有三种同分异构体，即 R-（+）-柠檬烯、S-（–）-柠檬烯和消旋柠檬烯。柠檬烯广泛存在于天然植物中，其中普遍存在的异构体是 R-（+）-柠檬烯。

本实验采用水蒸气蒸馏法从橙皮中提取出柠檬烯，再用三氯甲烷萃取，减压蒸馏除去三氯甲烷，残留液为精油，然后通过薄层色谱法鉴定提取出的产物。

【实验器材和药品】

器材：水蒸气蒸馏装置	1 套	药品：新鲜橙子皮	30g
搅拌机	1 个	三氯甲烷	30mL
50mL 量筒	1 个	乙醇	
250mL 分液漏斗	1 个	展开剂：（乙酸乙酯：正己烷=1：4）	
100mL 带塞锥形瓶	1 个	0.5% $KMnO_4$	
100mL 圆底烧瓶	1 个	无水硫酸钠	
旋转蒸发仪			
10mL 量筒	1 个		
50mL 烧杯	1 个		
胶头滴管	1 个		
1.5mL 连盖 EP 管			
层析缸	1 个		
点样毛细管			
硅胶薄板			
吹风机	1 把		

【实验方法】

1. 水蒸气蒸馏 将 30g 新鲜橙子（2～3 个）的橙色外果皮搅碎，投入 250mL 三口烧瓶中，加入约 30mL 水，按照图 3-5（第三章）安装水蒸气蒸馏装置。水蒸气发生器中加入 1/2 容积水，松开弹簧夹，加热水蒸气发生器至水沸腾，三通管的支管口有大量水蒸气冒出时夹紧弹簧夹，打开冷凝水，水蒸气蒸馏即开始进行。可观察到在馏出液的水面上有一层很薄的油层。当馏出液收集 60～70mL 时，松开弹簧夹，然后停止加热。

2. 萃取　将馏出液移入分液漏斗中，加 20mL 氯仿，振荡 1min，分层后，放出下层三氯甲烷溶液层于干燥的 100mL 锥形瓶中，加入适量无水硫酸钠干燥。

3. 减压蒸馏　将干燥好的溶液滤入事先称好的 100mL 圆底烧瓶中，在旋转蒸发仪上减压蒸去三氯甲烷。最后瓶中只剩少量黄色或无色油状液为橙皮油。称量提取物质量。

4. 通过薄层色谱检查提取物　用胶头滴管取 1 滴提取物样品于 EP 管中，再滴加 5 滴乙醇稀释。准备好薄层色谱板，取样品点样。用乙酸乙酯：正己烷（1∶4）作展开剂，在层析缸中层离。将色谱板用吹风机吹干后浸入 0.5% $KMnO_4$ 溶液中显色，晾干后，会出现黄色斑点。计算 R_f 值，与标准样品进行比较，得出结论。（操作步骤参照实验十三、十四。）

思　考　题

（1）适宜用水蒸气蒸馏法进行分离的物质应具备哪些条件？

（2）水蒸气蒸馏和普通蒸馏有什么区别和联系？

（刘建玲）

第七章　性 质 实 验

实验二十二　烃 类 实 验

一、乙烯的制备与性质

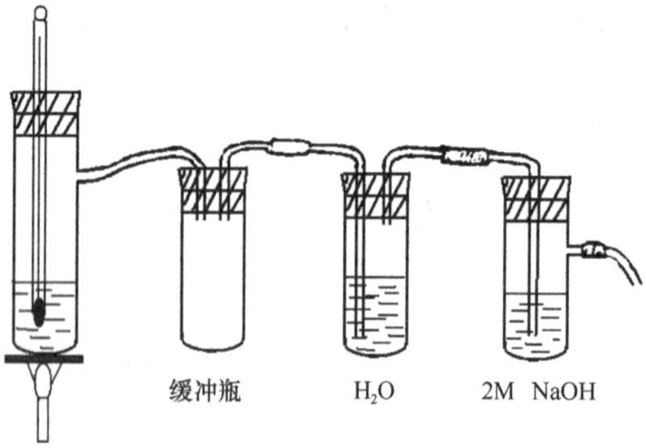

图 7-1　乙烯制备

将仪器装好（如图 7-1），各洗气液体（H_2O 及 2mol/L NaOH）装入量占容器体积的 1/3 ～1/2，不可过多以免冲出。于反应试管中加入乙醇 2mL，浓硫酸 5mL，为使反应平衡再放入沸石数粒，盖严后，迅速加热至 150℃，然后维持反应温度于 155～160℃之间，当有气体放出且仪器中空气排净后，进行下列试验：

（1）于小试管中取稀溴水 2～3mL，通入乙烯观察溴色消失，写出反应式。

（2）取 0.05% $KMnO_4$ 溶液 2mL，通入乙烯，观察高锰酸钾的颜色变化，写出反应式。

（3）用水上捕气法，用小试管收集乙烯气体，然后点火观察乙烯燃烧。写出反应式。

实验完毕后，先打开缓冲瓶的塞子，再关闭灯火，待冷却后再进行仪器的洗刷！

二、乙炔的制备与性质

电石主要成分为碳化钙，遇水可以放出乙炔。

由于电石中常含有少量的硫化物及磷化物，它们与水反应成有特臭的毒气体 H_2S，PH_3 等，因此本实验应于通风橱中进行！

按图 7-2 装置，电石一小块放于乙炔发生装置中，乳头吸管中吸满水，塞紧装置。在另一支小试管中装入氧化银氨水溶液，然后压迫乳头吸管使水滴于电石上，乙炔生成后与硝酸银或氯化亚铜的氨溶液相遇，则生成乙炔银或乙炔亚铜的沉淀。

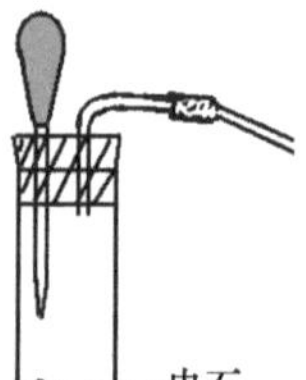

图 7-2　乙炔制备

于滤纸上过滤，收集沉淀，放石棉网上用小火烘干，滤纸碳化后乙炔银或乙炔亚铜则因受热而分解爆炸（小量无危险！）

然后将乙炔通入溴水及稀高锰酸钾溶液观察变化。写出反应式。

实验二十三 醇和酚的实验

一、乙醇钠的生成

取金属钠一小块（高粱米粒大小），置于小试管中，加入无水乙醇 3 滴则金属钠与乙醇发生猛烈反应，生成乙醇钠放出氢气。

待反应停止后，则有白色固体乙醇钠生成，然后将试管中加 2～3 滴水，则见乙醇钠溶解，加入酚酞指示剂一滴，呈红色。

写出有关反应式。

二、甘油铜的生成

于试管中放入 3 滴 0.1mol/L 硫酸铜溶液及 3 滴 2mol/L 氢氧化钠溶液，则产生蓝色氢氧化铜沉淀。

于沉淀上滴加甘油 1 滴振荡，则沉淀溶解生成深蓝色的甘油铜溶液。

三、苯酚的性质

（1）取试管二支加入等量苯酚，首先向一支试管中滴加 2mol/L 氢氧化钠溶液，边加边振荡，至苯酚恰好完全溶解。然后向另一支试管中加入同体积的纯水，则见苯酚并不能完全溶解。

向苯酚已溶解的试管中加入 1mol/L 硫酸溶液酸化，于是苯酚又呈乳浊状析出。写出反应式。

（2）于苯酚的水溶液中加入 1% $FeCl_3$ 1 滴。则呈现紫色，（酚类及含烯醇式结构的特有反应）。

（3）取苯酚水溶液 1 滴于试管中，加饱和溴水 1 滴析出白色沉淀（产物为 2,4,6-三溴苯酚，此为苯酚的特有反应）写出反应式。

实验二十四 醛和酮的实验

一、甲醇氧化成甲醛

于小试管中取甲醇 2 滴，将准备好的螺旋状铜丝放在煤气灯的氧化焰部分灼至赤热状态。然后从火焰上取出，这时铜丝的表面由于被氧化而变黑（CuO），趁热将表面已变黑的铜丝插入盛有甲醇的试管中，使接近甲醇液面，但勿与甲醇液接触，此时则见黑色的氧化铜被还原成有光泽的金属铜。趁热把铜丝迅速拉到试管口，使之与空气接触，铜又氧化成氧化铜，再趁热插入试管，待还原后再拉出，如此反复操作 2～3 次后，试管中出现甲醛的刺激性臭味。

写出反应式。再用乙醇进行此反应。

二、醛与托伦（Tollens）试剂的作用

于洁净的小试管取 0.2mol/L $AgNO_3$ 溶液 2 滴，再滴加 2mol/L 氨水。至生成的 Ag_2O 恰好溶解为止。得氧化银氨水溶液。

于氧化银氨水溶液中加 40%甲醛溶液 4 滴，振荡混匀，静置片刻，若无变化，可在手心或温水浴中温热两分钟，有银镜生成。

三、醛与斐林（Fehling）试剂作用

于试管中取斐林试剂 A 10 滴，加入等体积斐林试剂 B，混匀后，加 40%甲醛液 1～2 滴并加振荡，放沸水浴中加热，则见生成红色的沉淀（Cu_2O），若加醛过量则可能生成单质 Cu。

四、丙酮与亚硫酸氢钠的加成反应

取亚硫酸氢钠饱和溶液 10 滴于小试管中，滴加丙酮 6 滴。反应开始后，则有热放出，并立即析出丙酮合亚硫酸氢钠的结晶性沉淀。取结晶少许于显微镜下观察晶形（如果沉淀太多不便吸取时，可加些饱和亚硫酸氢钠冲淡之）。写出有关反应式。

五、醛的羰基与苯肼的腙合反应

醛或酮类的羧基可与苯肼缩去一分子水，生成难溶性某醛（或某酮）苯腙，可用醛、酮类鉴别。

1. 苯肼芳香族醛、酮类的缩合反应 于试管中放入 0.1g 苯肼盐酸盐的结晶，加水 2～3mL 溶解，再加 0.2g 醋酸钠振荡溶解之，如有不溶物需滤除。于透明溶液中加入苯甲醛 1 滴，用玻璃棒充分搅拌，如有块状物生成是未反应的苯甲醛被生成的苯甲醛苯腙包裹，则应用力搅碎可于镜下观察苯腙结晶。

[注] 苯肼与脂肪族低分子量的酮醛缩合生成的苯腙多为油状液体或低熔点固体，不易结晶析出，所以苯肼只适用于芳香族醛酮的反应，若用 2,4-二硝基苯肼则生成腙类分子量

较大，各类醛酮皆可形成结晶。

2. 2,4-二硝基苯肼与醛、酮类的缩合反应 取2,4-二硝基苯肼盐酸盐数滴加入丙酮5～6滴（或其他醛酮皆可），再加热至沸，放冷后则有结晶析出，在显微镜下观察结晶形状。写出反应式。

六、碘仿的生成——碘仿反应

1. 碘仿的生成 向四支试管中分别加入40%乙醛、丙酮、95%乙醇和异丙醇各10滴，各加入2毫升碘的碘化钾溶液[注1]，再逐滴各加入2mol/L氢氧化钠至碘的颜色消失，可见各试管中均有黄色沉淀生成。嗅生成物的气味。

再以40%甲醛按上述同样步骤操作，观察是否形成黄色沉淀。

2. 镜检碘仿结晶 向小试管中加4滴95%乙醇[注2]及3滴碘的碘化钾溶液，再加入2mol/L氢氧化钠10滴，于小火焰上缓缓加热至碘的颜色消失。放置使其自然冷却至室温，此时即有黄色碘仿结晶析出（可用玻棒摩擦器壁，促进结晶生成）。移取1滴含碘仿结晶的液体于载玻片上，在显微镜低倍镜下观察碘仿的结晶。

[注1] 碘液的配方：先将25g碘化钾溶于100mL水中，再溶入12.5g碘。

[注2] 由于碘仿易溶于乙醇、丙酮等有机物中，因此，实验时的用量切勿过多，否则沉淀量减少。

七、乙醛的醇醛缩合反应

取2mol/L氢氧化钠1mL，加40%乙醛溶液5滴，混匀后置水浴中加热，可见到溶液的颜色逐渐变深，生成棕黄色黏稠的缩聚产物。

实验二十五 羧酸和羧酸衍生物的实验

一、乙酸异戊酯的生成

于干燥的试管中放入冰醋酸 6 滴，和异戊醇 3 滴，再加入浓硫酸 2 滴，摇匀，沸水浴上加热 1～2 分钟，出现乙酸异戊酯的梨香气味，加水 10 滴，稍加振荡后，倾倒于盛有冷水的小烧杯中，杂质溶于水，酯不易溶，浮于水面嗅其气味。写出有关反应式。

二、乳酸氧化成丙酮酸

在小锥形烧瓶中加入 1g 的乳酸（20 滴），用 2mol/L NaOH 中和（用 pH 试纸试验），再加入 5%高锰酸钾约 20mL，加热至沸。高锰酸钾将乳酸中的仲醇基氧化成酮基（羰基），生成的酮酸叫丙酮酸（又叫做焦性葡萄酸）。过滤除去二氧化锰沉淀。取滤液 5 滴用冰醋酸酸化（约 3～4 滴），加入数滴苯肼的醋酸溶液 10 滴[注]，振荡，经数分钟，出现丙酮酸苯腙沉淀。

写出有关的反应式。

[注] 苯肼盐酸盐 0.1g，醋酸钠 0.2g，加水 1mL 配成。

三、乳酸的氧化与丙酮酸的脱羧

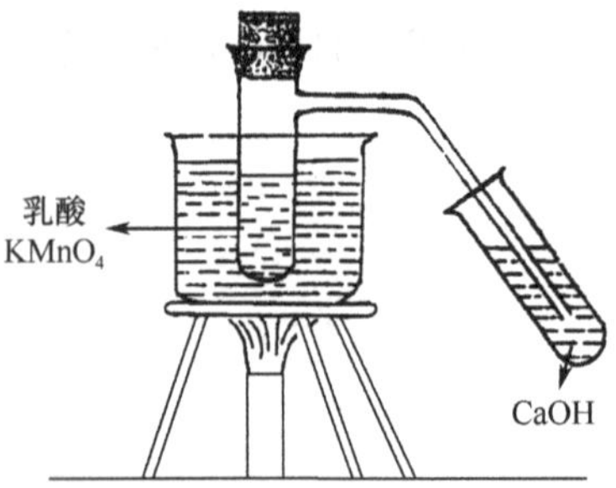

图 7-3 乳酸氧化与丙酮酸的脱羧

向支管试管中放入乳酸 10 滴，用滴管加入等体积的 $KMnO_4$ 溶液，紧塞管口，于水浴上加热，将生成的气体由支管通入石灰水中，检查 CO_2 气体的放出，（图 7-3）然后从水浴中取出支管试管，打开塞子，小心嗅其乙醛气味！

四、水杨酸与 $FeCl_3$ 的反应

于 1mL 水杨酸溶液，加 $FeCl_3$ 溶液 1～2 滴，出现特殊的紫色。反应表明水杨酸中有酚羟基存在。

五、阿斯匹林水解前后与 $FeCl_3$ 的反应

取阿斯匹林结晶少许溶于 4～5mL 水中，取所得溶液一部分加 1% $FeCl_3$ 溶液 1～2 滴，不应呈现颜色。

将另一部分阿斯匹林溶液加热 2～3 分钟，放冷后，加 1% $FeCl_3$ 溶液 1～2 滴则出现紫色；写出有关反应式。

六、乙酰乙酸乙酯两种互变异构体存在的证明

取一支小试管加水 2mL，加入 1 滴乙酰乙酸乙酯振荡之，得乙酰乙酸乙酯的水溶液。

于水溶液中加 0.1mol/L $FeCl_3$ 溶液呈现紫色，表示分子中有烯醇 $-\mathrm{C}=\overset{\overset{\mathrm{OH}}{|}}{\mathrm{C}}-\mathrm{C}$ 结构存在。

于紫色溶液中加入 1 滴饱和溴水，则紫色立即消失（由于双键加溴后，烯醇结构消失）。稍待片刻，则见紫色又重新出现。（表示溶液中又有烯醇式结构出现！）

七、比较各种酸的酸性

取浓度均为 0.1mol/L 的三氯乙酸、乙酸、乳酸及酒石酸各 3～5 滴，分别放在点滴板的凹槽里，用干净的玻璃棒蘸取酸的溶液在刚果红试纸上划线，各种酸可划出颜色深浅不同的线条。

将各种酸按共酸性由强到弱的次序排列起来。

[注] 刚果红试纸遇弱酸呈棕黑色然后褪色：与较强的酸作用呈兰黑色；而与最强的酸呈稳定的蓝色。

实验二十六　脂类化合物实验

一、油脂的皂化

向试管中放入 1mL 豆油，1.5mL 乙醇[注 1]及 1.5mL 40%氢氧化钠溶液。将试管用附有长玻璃管的软木塞塞上，以冷却乙醇蒸气。然后固定在铁架台上，在沸水浴上加热 7～8 分钟，发生油脂皂化的反应[注 2]。将试管内容物倒在已装有 50mL 热蒸馏水的小烧杯中，用玻璃棒充分搅拌透明溶液。为检查肥皂生成，由小烧杯中取 2～3mL 溶液注入盛有 10mL 水的试管中，充分振荡，有泡沫产生，示有肥皂存在。保留制得的肥皂溶液供下面实验用。

[注 1] 加入酒精之目的是增加油脂溶解度，使混合物成为均质，可以大大加快皂化反应。

[注 2] 反应是否完成，可根据试管内液体如变为透明说明皂化已基本完成。或用吸管取出一滴皂化液放入 3mL 热蒸馏中，加热振荡使溶。如无油滴浮于水面，表示反应完了。

二、游离脂肪酸的析出

于上面实验中制得的肥皂溶液中滴加 1mol/L 硫酸酸化同时不断搅拌，至石蕊试纸呈酸性反应。放于热水浴上加热至析出游离脂肪酸为止。用吸管取出脂肪酸放小试管中。

三、脂肪酸的性质

（1）与碱中和生成肥皂：于装有 10mL 蒸馏水的试管中加入脂肪酸少量，振荡之，并不溶解。

于试管中加入 2mol/L NaOH 2～3 滴，振荡则见脂肪溶于碱，生成肥皂后，产生泡沫。

（2）将生成肥皂的溶液分成两管，一管中加少量饱和硫酸钙溶液，另一管加入 10%醋酸铅溶液，两管中皆生成沉淀，表示有不溶性的脂肪酸钙和脂肪酸铅生成。

（3）不饱和脂肪酸的检验：向试管中注入 1mL 溴水，再加入 3～5 滴析出的脂肪酸混合物，振荡之，溴水脱色。

实验二十七　碳水化合物的实验

一、糖与 Tollens 试剂的反应——银镜反应

于一支洁净的试管中取 0.2mol/L 硝酸银溶液 1mL，加入 2mol/L 氨水至沉淀溶解为止。然后将此溶液平均装于 5 支洁净的小试管中，各放等体积的 2%糖溶液，记下各管号数与糖的种类：

（1）葡萄糖　（2）果糖　（3）麦芽糖　（4）乳糖　（5）蔗糖

然后于水浴上加热数分钟（勿加热过久！）观察结果。并说明实验现象的原因。

二、糖与 Fehling 试剂的反应

于一支试管中加入 Fehling 试剂 A 及 B 各 1mL（约 20 滴），混匀后分成 5 管，然后各放入等体积 2%糖溶液（按上顺序），水浴加热观察其结果。

三、糖与 Benedict 试剂的反应

于 5 支试管中各加入 5 滴班氏试剂，然后按前后顺序加入各种糖溶液，于沸水浴中加热，观察结果。

四、糖脎的生成

取苯肼醋酸溶液 10 滴分装于 5 支试管中，然后按顺序分别加入 5%的各种糖溶液 5 滴。混匀后，放沸水浴中加热 30 分钟，（双糖的糖脎溶于热水中，直到溶液冷却才析出沉淀）。取出放冷，用显微镜观察各种糖脎的结晶形状。

[注]：取苯肼盐酸盐 1g 及醋酸钠结晶 2g，于小烧杯中加水 10mL 溶解之，必要时可微热助溶。待完全溶解后，过滤。

五、蔗糖的转化

取小试管二支各加蔗糖溶液 10 滴，于其中一支试管中加 2mol/L 盐酸 4 滴，另一支不加，将此二管放于沸水浴上加热 1～2 分钟，加 1mol/L 碳酸钠 6 滴使成碱性后，于二试管内各加班氏试剂 10 滴，再放水浴中加热，比较两管有何不同？

六、淀粉与碘的作用及加酸水解

于试管中加入淀粉糊 5 滴，加 1 滴碘液呈深蓝色。将试管于小火焰上小心加热则颜色消失，放冷后，蓝色又重新出现。

另取淀粉糊 30mL 倒入小烧杯中，加入 1mol/L 硫酸 5mL，于石棉网上煮沸 10～15 分钟。煮沸时每隔 1～2 分钟取出 1 滴放在点滴板上，加稀碘液一滴，观察颜色的变化。至淀粉水解液与碘不再出现颜色即可认为水解反应完了，然后取出水解液 5 滴于试管中，加 2mol/L 碳酸钠使呈碱性，加 10 滴班氏试剂，放沸水浴中加热，观察现象。同时另取一支试管用原淀粉液作对照实验，结果应如何解释？

实验二十八　含氮有机化合物的实验

一、苯胺的性质

1. 碱性与成盐　取一支试管加水 1mL，滴加苯胺 2～3 滴，振荡后观察苯胺溶解情况。如已溶解需再加 1～2 滴苯胺，直至不能完全溶解为止，用 pH 试纸检查溶液的酸碱性，同时与蒸馏水的酸碱性相对照。

向试管中滴加 2mol/L 盐酸数滴，则见未溶的苯胺因成盐而溶解。待溶液澄清透明后向溶液中滴加 2mol/L NaOH 溶液至碱性，苯胺又游离析出。由于析出的苯胺液滴很小，而呈乳浊状。

2. 苯胺的重氮化反应　向小试管中加纯苯胺 3 滴及 2mol/L 盐酸 25 滴，将此溶液用冰水浴冷却至 5℃以下，并保持在冰水浴中。用吸管逐滴加入冷却至 5℃以下的 0.5mol/L 亚硝酸钠溶液，用碘化钾—淀粉试纸检查，以确定反应的终点[注]。为此，在每加一滴亚硝酸钠后，用玻棒蘸取 1 滴反应液滴在碘化钾淀粉试纸上，直至试纸呈明显的蓝色为止。此反应约需亚硝酸钠溶液 18～25 滴。将制得的无色透明的重氮盐溶液于低温保存，以供下面重氮盐反应实验用。写出反应式。

[注] 亚硝酸钠过量时可与碘化钾作用生成碘，碘遇沉粉则呈深蓝色。

二、重氮盐的反应

1. 由重氮盐放氮成酚　将上面的重氮盐溶液一部分（约 1/2）取出，缓缓加热至开始发生气泡为止，离开热源，反应可继续，猛烈放出氮气，于试管中生成苯酚，油状液滴析出（因有夹杂物存在，常呈黑色），可嗅出其气味，或向其溶液中加入溴水检查苯酚。写出有关反应式。

2. 重氮盐的偶联反应

（1）二甲基黄的制备：取二甲氨基苯盐酸盐溶液 5 滴，加入已制得的氯化重氮苯溶液 5 滴，然后加入饱和醋酸钠至生成黄色沉淀为止。此处加醋酸钠之目的是为了中和盐酸，因为在强酸性溶液中不能发生偶联反应。

于制得的二甲基黄溶液中加酸（3mol/L HCl）使呈酸性，则颜色变红。然后加碱（3mol/L NaOH）使呈碱性则颜色变黄。二甲基黄也是一种指示剂，变色域 pH 2.9（红）～4.0（黄）。

（2）苯胺橙的制备；于试管中取 2 滴 β-萘酚的碱性溶液，缓缓加入制得的氯化重氮苯盐溶液 2 滴，则生成橙色沉淀。

三、脲 的 性 质

（1）于载物玻片上用吸管取尿素溶液 1 滴，加浓硝酸 1 滴则可析出硝酸尿素结晶。可于显微镜下观察其结晶。

（2）加 5 滴尿素溶液于 1mL 2mol/L 盐酸中，加 5 滴 0.5mol/L 亚硝酸钠溶液，注意有气体放出，写出反应式。

（3）于试管中加水 2mL，加入尿素结晶少许溶解后，加入大豆粉（内含脲酶）少许，混匀后放置 10 分钟，于小火焰上加热煮沸，将湿的红色石蕊试纸放于试管口上看其有何变化？用手轻轻扇动管口嗅其气味写出反应式。

（4）缩二脲反应：取固体的尿素结晶少许放入干燥的试管中，于微火上小心加热，尿素开始熔化，随后则有氨气放出（嗅其气味，并用湿润的红色石蕊试纸检验），继续加热至熔化物开始凝结，冷却，加稀 NaOH 溶液 1mL，振荡促其溶解，然后加入极稀的（0.1%）硫酸铜溶液即呈紫红色。写出反应式。

实验二十九　蛋白质的实验

一、蛋白质的缩二脲反应

取 2%蛋清溶液 1mL，与 2mol/L 氢氧化钠 1mL，充分混合后，再加入 0.1%硫酸铜溶液 1 滴，混匀观察现象。

二、蛋白质的盐析

取蛋白质（20%）（蛋清或血清）一定量于试管中，加入等体积的饱和硫酸铵溶液可看出有球蛋白析出。再取同体积的蛋白质溶液加入固体硫酸铵至饱和后，可见大量蛋白质析出。

向已析出蛋白质沉淀的试管中加水，沉淀又会重新溶解。

三、蛋白质的沉淀

1. 加热沉淀　取蛋白质溶液放于试管中，然后加热试管液体的上半部，观察结果。

2. 磺柳酸与蛋白质的沉淀反应　于小试管中加入 1mL 2%蛋清溶液，加入 3%磺柳酸 1～2 滴，观察现象。

3. 重金属与蛋白质的沉淀作用　取试管三支，各放入 2%蛋清溶液 1mL，然后分别加入下列重金属盐溶液：

（1）于 1 号试管中加入 1% $AgNO_3$ 溶液一滴。

（2）于 2 号试管中加入 2% Pb（NO_2）溶液一滴。

（3）于 3 号试管中加入 2% $CuSO_4$ 溶液一滴。观察各管的变化。

四、酪蛋白的等电点的测定

取 5 支大试管，按表 7-1 用滴定管分别加入一定量的水，0.1mol/L 醋酸及 1mol/L 醋酸，然后用移液管各加入酪蛋白溶液（内含 0.1mol/L 的醋酸钠）2.0mL，摇匀，依次放在试管架上，配得溶液的 pH 于表中标明。仔细观察哪一管有混浊，哪一管无变化，记录于表中根据这些结果推断蛋白质的等电点的 pH 是什么？

表 7-1　酪蛋白的等电点的实验记录

试管编号	1	2	3	4	5
水	3.88	3.50	2.00	3.20	0.80
0.1N 醋酸	0.12	0.50	2.00	—	—
1N 醋酸	—	—	—	0.80	3.20
酪蛋白溶液（内含 0.1N 醋酸钠）	2.00	2.00	2.0	2.00	2.00
混合液的 pH	6.00	5.30	4.70	4.10	3.50
观察到现象					

（赵海阳）

第八章　仪器分析实验

实验三十　苯甲酸红外光谱测定

【实验目的】

（1）学习用红外吸收光谱仪进行化合物的定性分析。

（2）掌握用压片法制作固体晶片的方法。

（3）了解红外光谱仪的工作原理及其使用方法。

【实验原理】

红外吸收光谱法（infrared absorption spectrometry，IR）是以一定波长的红外光照射物质时，若光的频率刚好与分子中某个基团振动能级的跃迁频率相同时，则该分子就吸收此频率光，从而产生吸收光谱。测定物质分子对不同波长的红外光的吸收强度，就可以得到该物质的红外吸收光谱。

在不同化合物中，某种官能团的红外吸收峰的位置基本上相同，分子中其余部分对其影响不大，原因是与该官能团的振动频率直接相关的是成键原子的质量和键能。因此可以根据吸收峰的位置来判断官能团的种类。只要结构有差别，得到的 IR 光谱就有差别。利用这一特性，我们可以进行有机物的结构剖析，定性鉴定和定量分析。

绝大多数有机化合物的基团振动频率出现在 4000～400cm^{-1}（中红外区），因此，红外光谱法研究和应用最多的也在此区。该法具有样品用量少，不破坏样品，分析速度快，灵敏度高的特点。而且，样品不论是气态、液态、固态均可分析，应用范围非常广。

【实验器材和药品】

器材：IR-470（日本岛津公司）
压片机
玛瑙研钵
干燥器

药品：苯甲酸
KBr 粉末

【实验方法】

1. 苯甲酸试样晶片的制作　采用溴化钾压片法。将 1～2mg 苯甲酸样品加入玛瑙研钵中研细后加入约 200mg KBr 粉末，一起研磨至 2μm 以下且混合均匀，在压片机上压成透明薄片。

2. 苯甲酸红外光谱的测定　以 KBr 晶片为空白，在样品架上插入苯甲酸样品片，按要求操作仪器，得到苯甲酸红外光谱图（图 8-1）。

3. 结果　在苯甲酸红外光谱图上，标出各特征吸收峰，确定其归属。

思 考 题

（1）化合物的红外吸收光谱是如何产生的？

（2）化合物的红外吸收光谱能够提供那些信息？

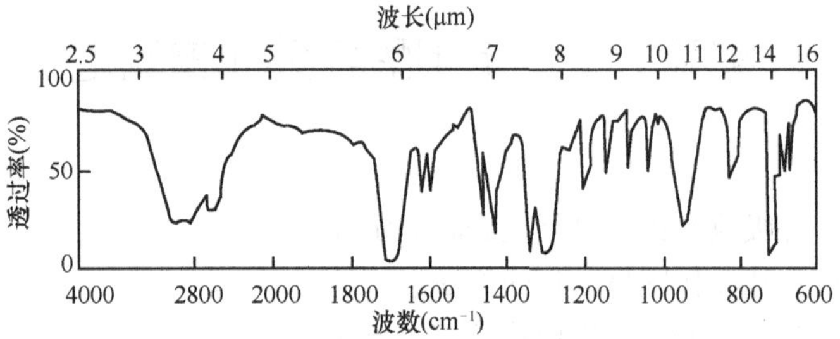

图 8-1 苯甲酸红外光谱图（KBr 压片）

实验三十一　气相色谱法分析苯及其同系物

【实验目的】

（1）测定苯同系物中苯、甲苯和乙苯的含量。

（2）学会利用气相色谱进行混合物分析的方法。

（3）掌握气相色谱归一化法定量分析的原理、操作和计算。

【实验原理】

在气相色谱条件不变的情况下，每一种物质都有特定的流出曲线（包括保留时间、半峰宽等）。保留时间一致，可基本上判定为同一物质，这是气相色谱法定性分析的主要依据之一。归一化法是一种准确的常用的定量方法。其原理是组分的含量与其面积成正比，组分的百分浓度等于它的校正后的峰面积在试样中各组分校正面积之和的百分比。

【实验器材与药品】

器材：C-14A 气相色谱仪（日本岛津）
　　　氢火焰离子化检测器（FID，日本岛津）
　　　10μL 微量进样器 2 支

药品：分析纯苯
　　　甲苯
　　　乙苯等体积混合液

【实验方法】

1. 确定气相色谱条件　每次实验都必须将气相色谱条件加以固定，否则，不能进行下一步分析实验。请根据表 8-1 的内容，对现行的气相色谱条件逐一确认。

表 8-1　气相色谱条件

检测器	色谱柱	汽化室温度（℃）
固定液	担体	检测器温度（℃）
载气	载气流速（mL/min）	柱温（℃）

2. 样品测定

（1）纯苯、甲苯、乙苯色谱图测定：待仪器基线平直后，先后用微量进样器取 0.5μL 纯苯、甲苯、乙苯进样，调整到适当量程，记录各自的保留时间，在所对应的色谱峰处做标记。

（2）混合样品色谱图测定：取 1μL 等体积混合样品进样，记录保留时间，与纯样品峰对比，用保留时间定性的方法标定各个峰所代表的组分。

（3）数据处理：混合样品中各组分含量可按下式计算[注 1]：

$$w_i(\%) = \frac{A_i f_i}{A_1 f_1 + A_2 f_2 + A_3 f_3} \times 100\%$$

式中 i 表示混合样品中任意组分，1、2、3 表示苯、甲苯、乙苯；f_i 为 i 组分的相对重量校正因子[注 1]，苯、甲苯、乙苯的相对重量校正因子分别为 1.00，0.96，0.92；A_i 为各组分的峰面积，等于 $1.065 \times h$（峰高）$\times W_{1/2}$（半峰宽）。

[注 1] 归一化法的适用范围是所有组分必须全部出峰并参与计算，否则不能应用。

[注 2] 校正因子与检测器的类型有关，常用化合物于手册中都可查到。相对校正因子

通常是以苯为标准计算的。

思 考 题

（1）在气相色谱定量分析中，峰面积为什么要用校正因子校正？

（2）在本实验中相同物质每次进样的保留时间是否一定会准确一致？

（3）根据各组份流出的顺序，试判断色谱柱固定液的性质。

（4）比较气相色谱法中归一化法、内标法、外标法定量的优缺点。

（5）简要讨论毛细管色谱法与填充柱色谱法的特点和应用范围。

（6）如何确定待测组分的组成、浓度？

（7）待测组分与填充柱填充物的性质有何关系？

（8）待测组分的含量与色谱峰高有何联系？

实验三十二　HPLC 法测定复方阿司匹林药物中的有效成分

【实验目的】

（1）了解试液的制备方法。

（2）了解高效液相色谱法（HPLC）中流动相的组成和 pH 对组分的滞留和分离的影响。

（3）掌握高效液相色谱仪的操作要点及外标法。

【实验原理】

APC（复方阿司匹林）是应用广泛的解热镇痛药，其有效成分为乙酰水杨酸（阿司匹林）、非那西汀和咖啡因。乙酰水杨酸易水解，在生产及贮藏期间容易引入水解产物（水杨酸），APC 的分析往往也包括水杨酸的测定。采用 HPLC 可将上述成分分离，HPLC 中流动相的组成和 pH 对组分的滞留和分离影响很大，实验证明，以 26%（体积分数）的甲醇水溶液（pH=2.3）为流动相，上述组分可在 ODS 柱上达到满意的分离，且分析时间较短。上述组分在紫外区都有吸收，可将检测器波长置于 λ= 285 nm 处进行测定。

在相同的操作条件下，分别将等量的试液和含待测组分的标准溶液进行色谱分析，比较试液和标准溶液中待测组分的峰值，即可求出试液中待测组分的含量（此即为外标法）：

$$X_i = E_i \frac{A_i}{A_s}$$

式中：X_i 为试液中组分 i 的质量浓度；E_i 为标准溶液中组分 i 的质量浓度；A_i 为试液中组分 i 的峰值；A_s 为标准溶液中组分 i 的峰值。

【实验器材和药品】

器材　PC-2025 型高效液相色谱仪（美国科学系统公司）
色谱柱（4.6 mm × 100 mm，5μm ODS）
定量管（20μL）
紫外可见检测器（美国科学系统公司）
微量注射器（50 μL）
精密酸度计
超声波振荡器
研钵
0.45μm 滤膜（水系）
减压抽滤系统
微量离心过滤管
烧杯
量筒
容量瓶及移液管等

药品　甲醇（AR）；KH_2PO_4（AR）
H_3PO_4（AR）；APC 片剂
阿司匹林；水杨酸
咖啡因；非那西汀的纯品或标准试剂
去离子蒸馏水

【实验方法】

1. 流动相的制备　准确称取 KH_2PO_4 1.3609 g 置于 1000 mL 烧杯中，加 700 mL 水搅

拌、溶解，以 500mL 量筒量取甲醇 260mL，倾入 1000 mL 烧杯中，摇匀。滴加 10% H_3PO_4 调节上述溶液至 pH=2.3（精密酸度计测定）后，转移至 1000 mL 容量瓶中，再滴加水至容量瓶刻度，摇匀。

流动相应以 0.45μm 滤膜减压过滤，超声波脱气 30 min。

2. 试液和标准溶液的制备

（1）试液的制备：取 1 片 APC，于研钵中研细后置于 50mL 烧杯中，加入甲醇 10 mL，超声波振荡提取 20min。过滤，滤液转移至 25 mL 容量瓶中，以甲醇稀释至刻度，摇匀，即制成储备液。使用前用水将储备液稀释 4 倍即成试液。

（2）标准溶液的配制：精确称量并用甲醇配制阿司匹林（0.5mg/mL）、水杨酸（0.5 mg/mL）、咖啡因（0.1mg/mL）和非那西汀（0.5mg/mL）四种标准储备液，冰箱中储存，使用前用水将储备液稀释 4 倍即制成标准溶液。

试液和标准溶液进柱前均需通过 0.45 μm 滤膜过滤。

3. 色谱条件

色谱柱　4.6 mm×100 mm，5μm ODS。

流动相　0.01 mg/mLKH_2PO_4溶液（pH2.3）：甲醇（75∶25 体积比）。

流速　1.000 mg/mL。

柱温　25℃。

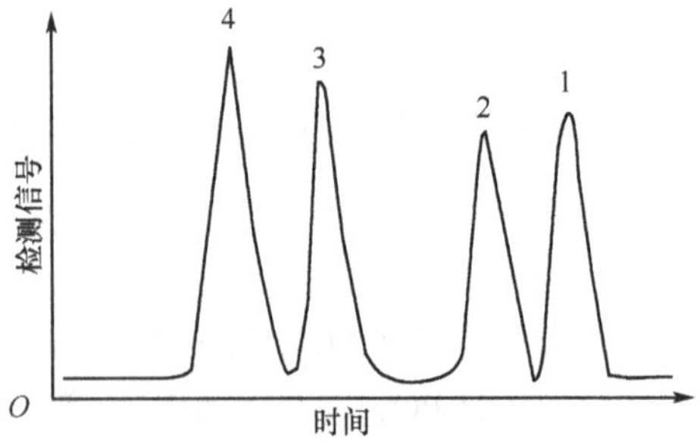

图 8-2　试液色谱示意图

1.咖啡因；2.阿司匹林；3.非那西丁；4.水杨酸

紫外检测器　波长 285nm，参比波长 360nm。

定量管　20μL。

4. 操作　开机，将流速、波长等设置好，待基线平稳后即可进样。

将进样阀置于取样位置，用 50μL 微量注射器取约 35μL 试液注入，充满 20μL 定量管。旋转进样阀至进样位置，计时，得试液色谱图。

在同样的条件下，以同样方式注入某种标准溶液，得色谱图（图 8-2）。

【注意事项】

（1）为保证试样的代表性，可任取 APC 10 片，研细、混匀、干燥、称量，再从中称取 1/10 质量的 APC 粉末进行实验。

（2）使用甲醇时宜在通风橱内操作。

（3）流动相、试液均应以 0.45μm 滤膜减压过滤，以免堵塞进样阀、毛细管和色谱柱。

（4）阿司匹林易水解，水杨酸易氧化，用甲醇配制的储备液在冰箱中可储存一周。

（5）按上述步骤可以确定试液色谱图中每个峰的归属并测定其含量，若配制混合标准溶液，则可一次测定四种成分的含量。

【实验数据处理】

比较试液和标准溶液谱图中相同组分的峰面积（或峰高），按外标法计算公式可求出试液中某成分的含量（%或 mg/mL），由试液的配制过程可求出每片 APC 中该成分的含量（mg/片）。APC 片剂中有效成分的含量（厂家标示值）列于表 8-2。

表 8-2　APC 片剂中有效成分的含量

有效成分	阿司匹林	非那西汀	咖啡因
含量（mg/片）	220	150	35

以上述值为标准值计算某成分测定的相对误差，并讨论。

思　考　题

（1）液相色谱仪是由哪几部分组成的？各起什么作用？

（2）流动相的选择有哪些依据？

（3）柱压不稳定的原因是什么？

（4）什么叫正相液相色谱法？什么叫反相液相色谱法？本实验采用的是什么方法？

（5）阿司匹林、水杨酸、非那西汀和咖啡因的分析测定，尚可以采取什么方法？写出两种。

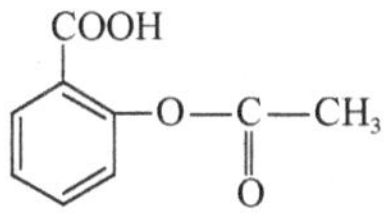

阿司匹林

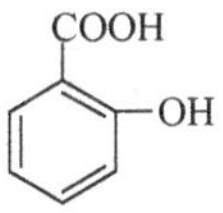

水杨酸

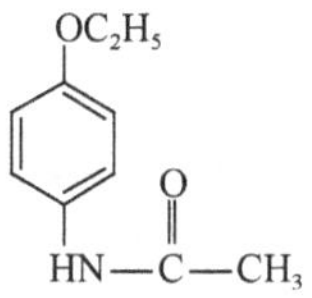

非那西丁

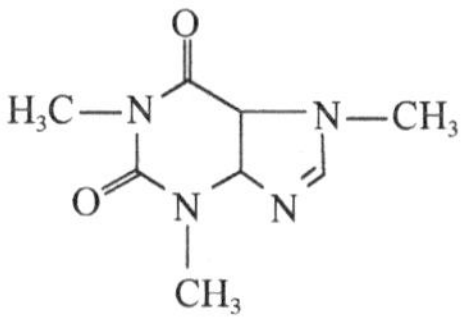

咖啡因

（6）为什么用甲醇配制的储备液在使用前要用水稀释 4 倍？

（7）为什么 HPLC 中流动相的组成和 pH 对组分的滞留和分离影响很大？若要考查这些影响应如何安排条件实验？

（8）流动相使用前为什么要脱气？脱气有哪些方法？

实验三十三　紫外光谱分析法对有机化合物的鉴定

【实验目的】

（1）掌握紫外吸收光谱的测绘方法。

（2）利用吸收光谱进行化合物的鉴定。

（3）了解溶剂性质对吸收光谱的影响。

（4）学习 UV-160A 型紫外可见分光光度计的使用方法。

【实验原理】

紫外吸收光谱为有机化合物的定性分析提供了有用的信息。其方法是将未知化合物的光谱与纯的已知物的光谱图进行比较，两者一致就可以认为它们在化学上大致是相同的。比较光谱图的方法是将未知试样和标准品以相同浓度配制在相同的溶剂中，再分别测绘吸收光谱，比较两者是否一致。也可以将未知样的吸收光谱图与标准图谱，如萨特勒紫外光谱图相比较。

有机化合物在紫外光区有 4 种典型的吸收带：R 谱带是 $n\rightarrow\pi^*$跃迁引起的吸收带，其摩尔吸光系数比较小（$\varepsilon_{max}<100$）；K 谱带是 $\pi\rightarrow\pi^*$跃迁所致，其摩尔吸光系数一般较大（$\varepsilon_{max}>10\ 000$）；B 谱带是芳香族及杂环类芳香族分子的吸收特征；E 谱带和 B 谱带一样，是芳香族化合物的光谱特征，有 E 带产生说明苯环体系上有三个乙烯键闭锁环状未饱和共轭键的电子能态发生转移。苯无取代基时 B 谱带出现精细结构。苯的 E 带在近紫外光谱中不得出现，若苯环上产生一个助色基取代时，则 E 谱带移到近紫外光区。

在没有紫外吸收峰的物质中检查有高吸光系数的杂质是紫外吸收光谱的重要用途之一。如乙醇中杂质苯的检查，只需测定 256nm 处有无苯吸收峰即可，因为在这一波段，主要成份乙醇无吸收。

在绘制比较用的紫外吸光光谱时，必须采用相同溶剂，以排除溶剂的极性对吸光光谱的影响。同时还注意 pH、温度等因素的影响。

【实验器材和药品】

器材：UV-160A 型紫外可见分光光度计

药品：乙醇
异丙叉丙酮
正己烷
氯仿
甲醇
邻甲苯酚
盐酸 0.1mol/L
氢氧化钠 0.1mol/L
苯甲酸
苯乙酮

【实验步骤】

1. 未知芳香族化合物的鉴定

（1）用分析天平称取 26mg 的未知物，用小烧杯加水溶解（需稍加热）后，转移到 100mL 容量瓶中，稀释至刻度、摇匀，用移液管取 10mL 转入另一个 100mL 容量瓶中，稀释至刻度、摇匀，以去离子水为参比。

（2）另取液体未知物 0.5mL 放入 100mL 容量瓶中，用乙醇稀释至刻度、摇匀，从中取 0.1mL 放入另一个 100mL 容量瓶中，用乙醇稀释至刻度，以乙醇为参比，按（1）中条件绘制吸收光谱曲线。

2. 乙醇中杂质苯的检出 用 1cm 石英比色皿，以纯乙醇作参比液，在 220～280nm 范围内绘制乙醇试剂的吸收光谱曲线。

3. 溶剂性质对吸收光谱的影响

（1）配制浓度为 0.142g/L 的邻甲苯酚溶液，其溶剂是：

1）在 0.1 mol/L HCl 溶液中；

2）在中性乙醇中；

3）在 0.1 mol/L NaOH 水溶液中。

（2）配制浓度为 5.2g/L 异丙叉丙酮溶液，其溶液分别为正己烷、氯仿、甲醇、去离子水。

（3）用 1cm 有盖石英比色皿、以相应的各溶剂为参比液，测绘各溶液在 210～350nm 的吸收光谱。

【数据及处理】

（1）记录未知化合物的吸收光谱及实验条件，确定峰值波长，计算峰值波长处 A 值，与标准光谱图比较，指示它可能是什么化合物，并计算各峰值摩尔吸收光系数，并与文献值比较。已知：固体未知物摩尔质量为 122，液体未知物摩尔质量为 120.15，密度为 $1.0281g/cm^3$。

（2）记录乙醇试样的吸收光谱及实验条件，从吸收光谱中鉴别乙醇试样中是否有苯存在。

（3）记录各个邻甲苯酚溶液的吸收光谱及实验条件，比较吸收光谱有何变化，结论何如？

（4）记录各个异丙叉丙酮溶液的吸收光谱及实验条件。比较吸收峰的波长随溶剂极性的变化情况，结论如何？

（周 璐）

第九章　学生设计实验

实验三十四　未知有机物的检定（Ⅰ）

现有一瓶未知有机物，此未知物是甲醛、乙醛、丁酮、苯乙酮、环己酮、苯酚、苯乙烯、甘油、乙醇、丙醇中的一种。

试用学过的实验方法和实验室现有的试剂和器材进行鉴别。写出检定报告。

实验三十五　未知有机物的检定（Ⅱ）

现有一瓶未知糖类化合物，此糖可能是葡萄糖、果糖、麦芽糖、乳糖、蔗糖及淀粉中的一种。

试设计出鉴定方案，运用学过的实验方法加以鉴别，写出检定报告

（夏　阳）

第十章　对照试验(英文版)

English Edition of Experiments

Experiment 1　Determination of Melting Point

Purposes

1. Learn the principle of determination of melting point.
2. Learn the capillary tube method - also known as the Thiele tube method.

Principles

The melting point is one of the important physical constants, which is used to identify the organic compound or judge its purity. The melting point of a substance is defined as the temperature at which the liquid and solid phases exist in equilibrium with one another. If heat is added to a mixture of the solid and liquid phases of a pure substance at the melting point, ideally no rise in temperature will occur until all the solid has melted and been converted to liquid. If heat is removed from such a mixture, the temperature will not drop until all the liquid solidifies. For most purposes it is sufficient to record this uncorrected value, which is usually only slightly lower than the corrected value.

A pure substance melts at a precisely defined temperature, its melting range is in 0. 5—1℃. Even small quantities of impurities will change the melting point lower, and enlarge its melting range. So determining the melting-point is a simple and fast method used in many diverse areas of chemistry to obtain a first impression of the purity of a substance.

Apparatus and Reagents

Apparatus:

melting point apparatus
gas lamp
capillary tube
watch glass
desiccator

Reagents:

Acetanilide
Benzoic acid

Experimental Procedure

1. Preparation of Melting Point Tube

Commercially available capillary tubes have one end already sealed and the other opened end to permit introduction of the sample.

2. Put the Sample into the Tube

Place a small amount of the sample on a dried and clean watch glass and tap the open end of the capillary tube into the sample. Turn the capillary tube, tap the other side on the desk. The sample is forced into the tube(also we can take a glass tube about 40—50cm long, place this tube vertically on the desk, and drop the capillary tube which sealed end down through the glass tube several times) . In this way, the sample ends up packed at the sealed end of the capillary tube. The sample's height is best about 2—3mm. One sample need three capillary tubes(Figure 10-1) .

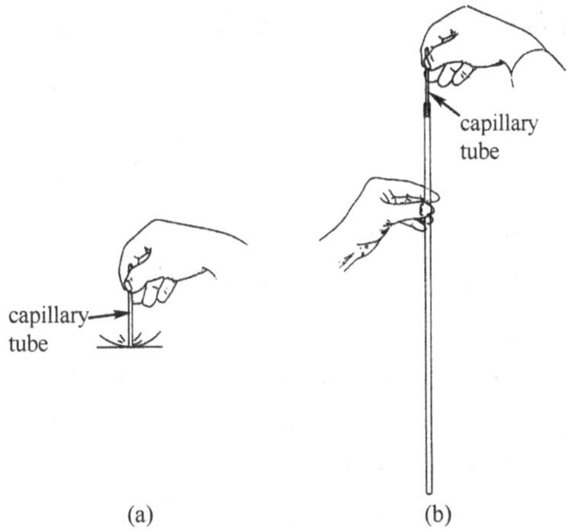

Figure 10-1 (a) Filling a Capillary Melting Point Tube; (b) Packing Sample at Bottom of Capillary Tube

3. Setting the Apparatus

The melting-point apparatus: As is shown in Figure 10-2, this melting-point apparatus is the Thiele tube. This tube is shaped so that heat applied to a liquid in the side-arm by a burner is distributed to all parts of the vessel by convection currents in the heating liquid.

Secure the capillary tube to the thermometer at the position indicated in Figure 10-2; use either a rubber band or slice of rubber tubing for this purpose(the rubber band should be higher than the oil). Be sure that the band used to hold the capillary tube on the thermometer is as close to the top of the tube as possible. Support the thermometer, with the capillary tube containing the sample already attached, with a cork in the apparatus, as shown in Figure 10-2, or by carefully clamping the thermometer so that it is immersed in the oil.

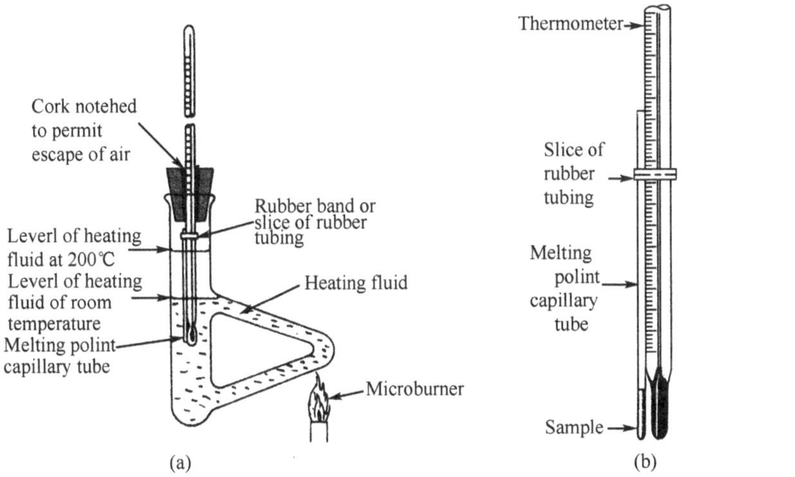

Figure 10-2 Thiele tube

(a) Thiele Melting-Point Apparatus; (b) Arrangement of Sample and Thermometer for Determination of Melting Point

4. Melting-Point Determination

When determination is going on, it is best in a bright place. Determine an unknown compound, first we need preliminary determination. Heat the Thiele tube at the rate of 5—6℃ per minute. This result is approximate. And then take out the thermometer, throw away the capillary tube, wait for the oil's temperature lower than melting-point 30℃.

Fit on another capillary tube, this time is an accurate determination. At first, heating should be a little fast. But when the temperature is near the melting-point 10—20℃, heating should be slower. Best results are obtained by heating the sample at the rate of about 1—2℃ per minute.

The solid takes on a softer, perhaps "wet", appearance, which may also be accompanied by the shrinkage of the sample in the melting process. Wait for the first tiny drop of liquid to appear. Melting invariably occurs over a temperature range, and the melting-point range is defined as the temperature at which the first tiny drop of liquid appears up to and including the temperature at which the solid has melted completely. Most pure compounds' melting range is 0. 5—1℃.

In this experiment, the student should determine the melting-point of Acetanilide, Benzoic acid and mixture of those.

Experiment 2　Ethanol Distillation

Purposes

1. Condense diluted alcohol by using distillation method.
2. Grasp common distillation technology.

Principles

Heat the liquid to gas, and gas cooling condenses into liquid again, in the process of the two joint operation called distillation. Ethanol (C_2H_5OH) is colorless and transparent liquid, and its boiling point is 78. 5 ℃. Ethanol has miscibility with water in any ratio, ethanol content will increase in the vapor of diluted alcohol while it is evaporating, so we can make use of distillation method to increase the concentration of alcohol, with distillation method, including ethanol is about 95. 5% and water is about 4. 5% under the boiling point of 78. 15 ℃. The residual water cannot be removed by using distillation method.

Apparatus and Reagents

Apparatus:

Common distillation apparatus	1 set
Iron Formwork	2
Tripod	1
Erlenmeyer flask	1
Funnel	1
Graduated cylinder	1
Asbestos Network	1
Alcoholimeter	1

Reagents:

Diluted alcohol; Zeolite

Experimental　Procedure

Prepare distillation flask, condenser, thermometer (100 ℃) , receiving tubes、bottles and iron formwork units and other instruments, refer to Figure 10-3 for the installation of ordinary distillation unit.

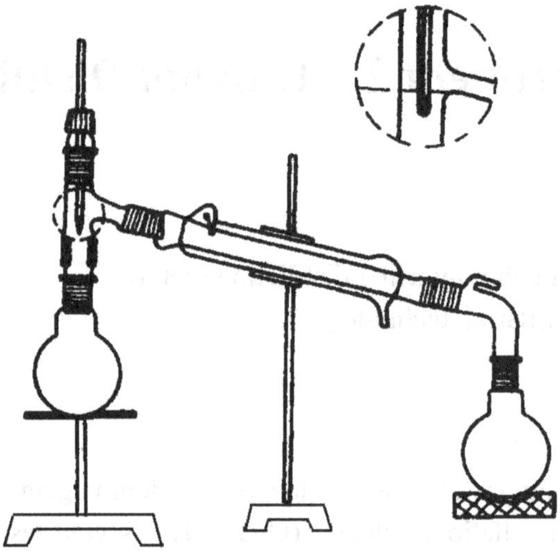

Figure 10-3 Typical Apparatus for Ordinary Distillation

After confirming qualified installation, remove the thermometer, add diluted alcohol to 1/2 of the distillation flask capacity, then put 2 to 3 pieces of zeolite in it and stopper the serbian of thermometer well, turn on the cooling water and heat the distillation flask on the asbestos network. Keep the distillation rate at 2 to 3 drops per second, and collect three part of distillation liquid: (1) 78℃ below, (2) 78—84℃, (3) 84—88℃. The volume of each part of distillation alcohol will be measured by graduated cylinder, then pour it into the designated recycling bottle, the ethanol proportion of each parts can be measured by alcoholimeter. Or measure its content by using boiling-point-assay method (Table 10-1) .

Table 10-1 The Relationship Between Alcohol Concentration and the Boiling Point, Distillates Concentration

Alcohol Concentration of Distilled Alcohol (Volume%)	Boiling Point (℃)	Alcohol Concentration of Distilled Solution (Volume%)
95.5	78.15	95.5
90	78.8	92
70	80	89
60	81.2	87
50	82.5	85
40	83.8	82
30	85	78
20	87.5	71
18	88.8	68
15	90	66
12	91.3	61
10	92.5	55
7	93.8	50
5	95	42
3	96.3	36
2	97.5	28
1	98.8	13
0	100	0

Re-distillation each part of the distillation fluid will make gradual increasing percentage of ethanol.

Cautions

Note: Water-bath heating should be used in case of distillating high-purity alcohol. Only very dilute solution of alcohol can be heated with asbestos network, fire protection work should be prepared well, pure alcohol fire can be extinguished by water.

Exercises

1. Why a mixture of two liquids (especially the boiling points of liquid mixture is near) cannot be separated through one distillation by ordinary distillation? What kind of distillation method should be adopted to improve results?

2. How to identify whether a liquid is pure or not during the distillation process?

3. Why experiment staffs must control the speed of distillate during the distillation process?

Experiment 3 The Synthesis of Benzoic Acid by Oxidating Toluene

Purposes

1. Deepen the perceptual awareness that the side chain of aromatic hydrocarbon can be oxidized to carboxyl group.
2. Master the method of refluxing in organic experiments.
3. Master the operation of filtration under reduced pressure.

Principles

When benzene ring contains side chains, and the carbon atom near to benzene ring(α-carbon atom) has hydrogen atom, the oxidative product always be benzoic acid, no matter the length of the side chain is long or short. Therefore, we can judge the link relationship between side chain and benzene ring of an aromatic compound through oxidation.

The reaction speed of oxidating toluene by $KMnO_4$ is slow, so it should take long time to heat. In order to prevent the volatilization loss of toluene caused by heating, the reaction vessel is installed with a spherical condenser which can make vapor condense to liquid and flow back to reaction vessel. We call this heating method reflux method. Reflux method can increase the yield if raw material is volatile material.

Apparatus and Reagents

Apparatus:

Reflux heating apparatus
Reduced pressure filtration apparatus
Measure cylinder (10mL)
Gas lamp
Glass rod
Table balance
Beaker (200mL)

Reagents:

Toluene
$KMnO_4$
6 mol/L HCl
Solid Na_2SO_3
Congo red paper

Experimental Procedure

1. Reflux

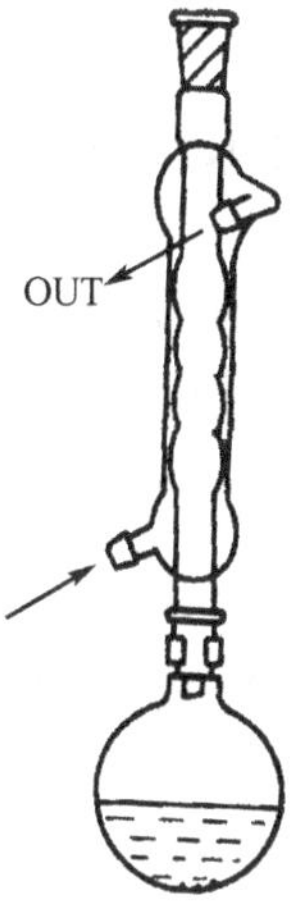

Add 3. 4g $KMnO_4$ and 60—70mL distilled water into 250mL round bottom flask, After a little shake, then add 1g (1. 2mL) toluene and some zeolites in it. Install a spherical condenser, then heated to boiling in the asbestos net, keeping reflux about 2h. It should be shaken continuously during the reflux in order to ensure normal boiling and full reaction.

2. Filtration

Cool down slightly after heating, then filter solid MnO_2 and rinse MnO_2 sediment twice by 10—25mL hot water. Mix filtrate and washing liquid in 200mL beaker.

3. Acidification

Acidify the liquid in beaker by 6mol/L HCl until the color of Congo red test paper turns dark blue obviously(at this time, the pH value of solution$\leqslant$3) , at this time there should be white crystal of benzoic acid crystallized. If there still show a light brown (or violet) solution, a small amount of solid Na_2SO_3 can be add to make the solution colourless. Once the solution turns colourless, check the pH value of solution in order to ensure it's acidity. Otherwise benzoic acid still exists as salt and is dissolved in water.

4. Filtration to Get Product

Collected crystal products in the solution of benzoic acid by filtration under reduced pressure. Concentrate filtrate to 15—25mL, cooling down(cold water first and then hot water) , meanwhile stir the solution with glass rod and friction inner wall in order to promote benzoic acid to crystallize. Filtrate, then merger the two benzoic acid. Air dry, weigh and calculate yield.

Cautions

1. We must ensure 2h reflux time, or else yield will be decreased. The reflux temperature would not be too high, or toluene in a gas state will influence the yield.

2. The Na_2SO_3 should not be added too much, and shake fully after it is added. Meanwhile ensure the strong acidity of solution.

Exercises

1. The solution is transparent and colourless after adding Na_2SO_3, but no precipitation of benzoic acid. Could you estimate the possible reasons?

2. Why reflux heating is used in this experiment?

3. What should we caution during reduced pressure filtration?

Experiment 4 Extraction of Caffeine from Tea

Purposes

1. Learn how to extract effective components from natural substance by extraction of caffeine from tea.
2. Learn the using of fat extractor.
3. Learn the sublimation refining of organic compounds.

Principles

The main component of tea is cellulose. In addition, a variety of alkaloids exist in tea, of which caffeine is more than other alkaloids in quantities with percentage of 1% to 5%. Tannic acid, pigment and protein are also exist in tea.

Caffeine is the derivative of purine (a heterocyclic aromatic compound) , a weak alkaline compound. The structure of caffeine is as follows:

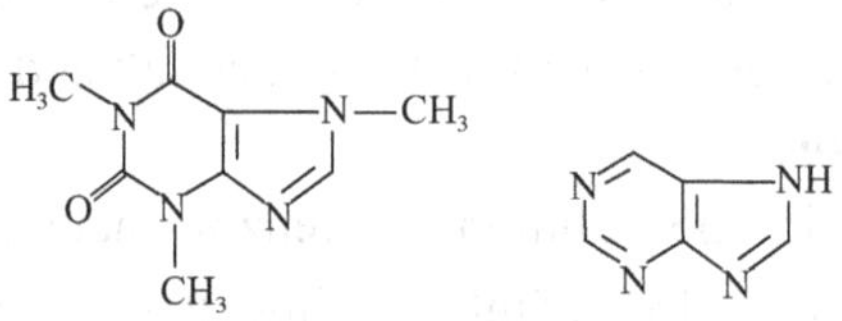

Caffeine　　　　Purine

The water-containing crystal of caffeine gives white color, needle-like crystal, tasting a little bitter. It loses water and begins to sublimate at 100℃. It sublimates obviously when heated to 120℃ and sublimates very fast at 178℃. The melting point of anhydrous caffeine is 234. 5℃.

In this experiment, ethanol is used as solvent to extract caffeine continuously in fat extractor and then the ethanol is distilled to dryness, crude caffeine obtained. The crude caffeine that contains some alkaloids and other impurities is further refined using sublimation.

Apparatus and Reagents

Apparatus:

Fat extractor (150mL) ;	1 set
Distillation flask (250mL) ;	1
Evaporation pan;	1
Watch glass;	1
Water bath;	
Sand bath;	
Thermometer (360℃)	1

Reagents:

Tea 10g;
Ethanol(95%) 100mL;
Quicklime powder 4g;

Procedure

1. Extraction

Weigh 10 grams of tea (groud into powder) and put the tea into a filter paper tube inside a fat extractor. Add 50mL of ethanol (95%) into a flask (250mL) and 50mL of ethanol (95%) into the filter paper tube separately. Install equipment (see Figure 3-4) and heat the flask in water-bath, continuously extracting for 1 to 1. 5 hours (siphonic backflow for more than 5 times) .

2. Distillation

Stop heating just as the condensational solution is siphoned out from the fat extractor last time. Take out the paper tube inside the fat extractor along with the extracted tea and distill the ethanol extract in the flask using the same equipment as extraction. Stop distilling until the level of ethanol in fat extractor rise almost to the outlet (about 80 mL of ethanol is distilled out from the flask) .

3. Neutralization Using Alkali

Put the residue solution (should be about 10 mL or so) remaining in the flask into an evaporation pan and then add 4 grams of quicklime powder (used to neutralize the residue and absorb water in order to remove impurities) . Stir continuously and heat the residue under steam bath until it become dry powder.

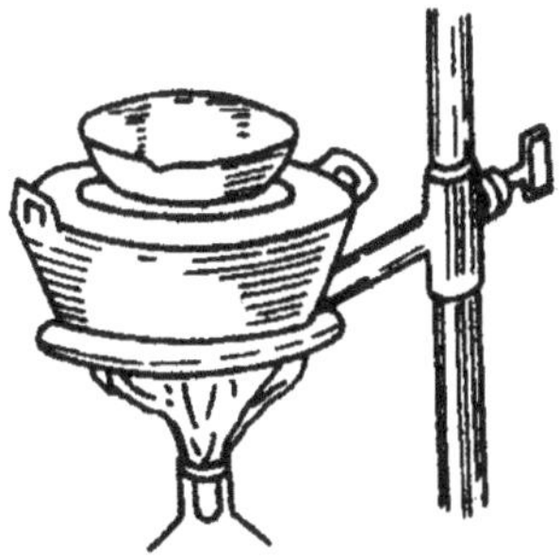

4. Sublimation

Cover the Evaporation pan with a piece of filter paper (drilling many holes on the filter paper) from the bottom up, the size of hole being about 1 mm wide and cover the filter paper with a watch glass. Heat the evaporation pan under sand bath using low flame to make caffeine sublimate. The temperature of the sand bath should be ketp at 200℃ or so. Stop heating as soon as caffeine appears in the hole of the filter paper. When the sand bath cool down to 100℃ or so, take the watch glass away and get the filter paper with caffeine attached to it. Scrape off the caffeine from the filter paper with a knife. Collect the purified caffeine and measure the melting point.

Cautions

(1) The size of filter paper tube must be so properly made up that it is close to the internal wall of the fat extractor and that it will be taken out from the fat extractor smoothly. You can put tea powder into a filter paper tube before you put the filter paper into a fat extractor. The tea should be sealed up in filter paper tube to avoid leaking from the filter paper tube

and jamming in the outlet of the fat extractor.

(2) You must stir the residue solution continuously when heating the residue under steam bath, otherwise, the residue solution would splash out and result in scalding and caffeine losing.

(3) Low flame should be used throughout the sublimation and the temperature of the sand bath should be kept steadily at 200℃ or so. Higher temperature make the product burn whereas lower temperature result in slow sublimation and low yield of caffeine.

Exercises

1. What are the advantages of fat extractor when it is used to extract effective components from natural substance?

2. Why should 50mL of ethanol be added to extractor before reflux?

Experiment 5　Preparation of Acetylsalicylic Acid (Aspirin)

Acetylsalicylic acid (aspirin)　is one of the most generally useful drugs ever discovered. It was first synthesized in 1899 by Dreser and is wildly used as an analgesic, an antipyretic, an anti-inflammatory and an anti-rheumatic agent. Meanwhile, it also possesses the function of softening blood vessels. In recent years, the researchers show that it can reduce the rate of bowel cancer about 30%—50%.

Salicylic acid (o-hydroxybenzoic acid)　is a bifunctional compound. It is a phenol and a carboxylic acid. Hence it can undergo two different types of esterification reaction. In the presence of acetic anhydride, salicylic acid will react to form acetylsalicylic acid (aspirin) , whereas in the presence of methyl alcohol it will yield methyl salicylate (oil of wintergreen) .

Purposes

(1)　To deepen the understanding on the acylation reaction

(2)　Mastery of decompression basic operations such as vacuum filter, recrystallization method.

Main reaction

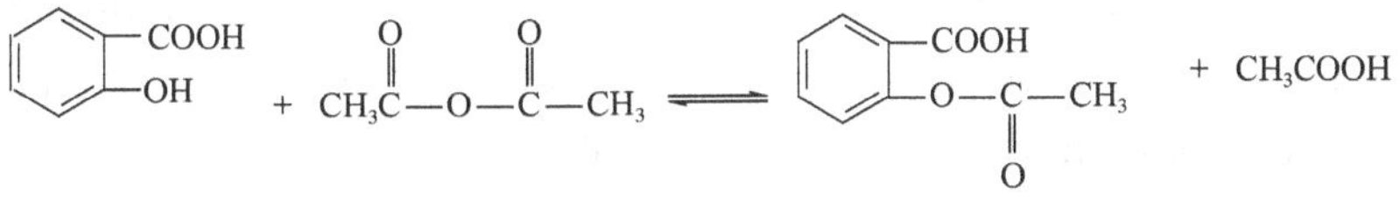

Salicylic acid molecules of phenolic hydroxyl hydrogen atoms can be replaced by acetyl.

Equipment

Apparatus:

Erlenmeyer flask (dry)	100mL	1		
Graduated cylinder (dry)	10mL	1,	100mL	1
Beaker	100mL	1		
Thermometer	100℃	1		
Funnel		1		
Reduced pressure filtration unit		1		
Water bath		1		
Iron support		1		
Tripod		1		
Gas burner		1		

Reagents:

Salicylic acid (FW 138. 12)	0.5g(3. 6 mmol)
Acetic anhydride (FW 102. 09)	1.25 mL (13.25 mmol)
Concentrated sulfuric acid (98%)	
Ethanol (95%)	

Procedure

Weigh 3g of salicylic acid crystals and place them in a dry 100 mL Erlenmeyer flask. Add 5mL of redistilled acetic anhydride slowly, followed by 5 drops of concentrated sulfuric acid from a dropper, and then swirl the flask gently until the salicylic acid dissolves. Heat the flask for 15—20 minutes in a beaker of water heated to 80—85℃. Allow the flak to cool to room temperature and then place it in an cool-water bath, during which time the acetylsalicylic acid should begin to crystallize from the reaction mixture. If it does not, scratch the walls of the flask with a glass rod and cool the mixture slightly in an ice-water bath until crystallization has occurred. After the crystals separated, add 10mL of water and continue to cool the mixture in an cool-water bath to crystallize completely. Collect the crude product by suction filtration on a Buchner funnel and rinse the crystals several times with small portions of cold water. Remove the crystals for air-drying.

Whether there is the unreacted salicylic acid which contains phenolic hydroxyl group in the crude product. (It may be examined by 1% ferric chloride solution, dissolve a few crystals of aspirin in several drops of ethanol in a test tube and add one drop of 1% ferric chloride solution. If the color reaction appears, the crude product should be recrystallized by a mixed solvent of ethanol and water.)

Purity the crude product in the following way. In an Erlenmeyer flask dissolve the crude product in minimal volume (4—5 mL) of boiling ethanol. To the solution add hot water until the solution becomes turbidly, then heat the solution again until it becomes clear. Allow the mixture to stand and cool slowly. Collect the crystals by suction filtration on a Buchner funnel and allow it to dry in air. Weigh the dry aspirin, determine its melting point and calculate the percentage yield.

Pure acetylsalicylic acid is a white needle-shape crystal, m. p. 132—135℃.

Cautions

(1) Because of the molecular inner hydrogen bond in salicylic acid, the reaction temperature of preparing acetylsalicylic acid by the reaction of salicylic acid with acetic anhydride must be in the range 150—160℃. The purpose of adding concentrated sulfuric acid is to break the hydrogen bond in order that the reaction can carry on at lower temperature (90℃) and reduce the by-product effectively. So control the temperature in this experiment.

(2) All apparatus and reagents should be dried thoroughly before the experiment is carried on. Acetic anhydride should be redistilled before use, collect the fraction boiling at

139—140℃.

(3) When acetylsalicylic acid is heated, it easily decomposes. The temperature of the decomposition is at 126—135℃. Hence when drying or recrystallizing it, or determining the melting point, cannot heat for a long time.

(4) If the crude product contains unreacted salicylic acid, it will be violet for the test of 1% ferric chloride solution.

(5) The crude product may be also recrystallized from dilute hydrochloric acid (1:1) or a mixed solvent of benzene and petroleum (b. p. 30—60℃).

Exercises

1. Acylation reaction using salicylic acid and glass equipment must be dry, why?
2. Experiments using acetic anhydride before use must restore distillation, why?
3. This experiment can using dilute sulphuric acid as the catalyst? Why is that?
4. For acetylsalicylic acid recrystallization, what shall pay attention to? Why?

Experiment 6 Extraction of Limonene from Orange Peel

Purposes

1. Learn how to extract effective components from natural substance by extraction of limonene from orange peel.
2. Learn the principle and operation methods of steam distillation.
3. Learn the principle and operation methods of thin layer chromatography.

Principles

The volatile components obtained from plant tissues are collectively called essential oils. Steam distillation is often used to isolate essential oils. More than 90% of the essential oil is limonene, which is extracted from the peel of fruit such as lemons, oranges and grapefruit. And its structure is as shown below:

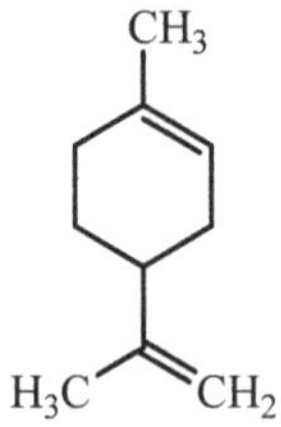

Limonene

The scientific name for limonene is 1-methyl-4-(1-methylethenyl) -cyclohexen. It is a kind of colorless liquid with an odor of orange, insoluble in water, soluble in ethanol, acetone and other organic solvents. Limonene is a monoterpene. There's a chiral center in its structure. It has three isomers, i. e. , D-Limonene, L-Limonene, *dl*-Limonene. Limonene widely exists in natural plants, of which the major one is d-limonene.

In this experiment, limonene will be steam distilled from orange peels; the resulting mixture of water and limonene will be allowed to separate by extraction, and the limonene removed via rotary evaporation. The isolated limonene will then be analyzed by thin layer chromatography.

Apparatus and Reagents

Apparatus:

Steam distillation apparatus
Blender
Measure cylinder(50mL)

Separating funnel(250mL)
Conical flask(100mL)
Distillation flask(100mL)
Rotary evaporator
Measure cylinder(10mL)
Beaker(50mL)
Dropper
EP tube(1. 5mL)
Developing tank
Capillary tube
TLC plate
Hair drier

Reagents:

Fresh orange peel 30g
Trichloromethane 30mL
Ethanol
0. 5% $KMnO_4$
Ethyl acetate : Hexane =1:4
Anhydrous Na_2SO_4

Procedure

1. Steam Distillation

Into a 250mL three-necked flask put the finely chopped outer rind of two oranges and 30mL of water. Use only the outer, orange colored rind. Arrange the steam distillation apparatus as shown in the diagram3-5 and heat as described in the section on techniques. Collect about 60—70mL of distillate in a conical flask.

2. Extraction

Transfer the distillate to a separating funnel and add 20mL of trichloromethane. After shaking for one minute, allow the two layers to separate and run the lower trichloromethane layer into a small conical flask. Add a few spatula measures of anhydrous sodium sulphate to dry the trichloromethane solution.

3. Reduced Pressure Distillation

Filter off the precipitate and collect the solute in a pre-weight 100mL round-bottom flask. Remove the trichloromethane under reduced pressure on the rotary evaporator (seek demonstrator's assistance). Finally, only a little yellow or colorless oily liquid left. This is orange oil. Weighing the extraction.

4. Examination of Extract by Thin Layer Chromatography

The procedure is described in the section on techniques. Dilute a sample of pure limonene by adding one drop to about five drops of ethanol. Prepare a TLC plate and spot it with this solution alongside a spot of your orange peel extract. Elute the plate as described, using a mixture of ethyl acetate:hexane (1:4). Dip the plate in potassium permanganate solution, and allow to dry. Yellow spots should appear. Measure its R_f value. Compare the R_f with the standard sample of limonene and identify your product.

Exercises

1. What qualifications should the substance have if you use steam distillation?
2. What are the differences and relations between the steam distillation and common distillation?

Experiment 7 Separation and Identify of Animo Acid (Paper Chromatography)

Purposes

1. Paper chromatography is one method for testing the purity of compounds and identifying substances.

2. This is a useful technique because it is relatively quick and requires small quantities of material.

Principles

Paper chromatography is one method for testing the purity of compounds and identifying substances. This is a useful technique because it is relatively quick and requires small quantities of material.

Substances are distributed between a stationary phase and a mobile phase. The stationary phase is usually a piece of high quality filter paper. The mobile phase is a developing solution that travels up the stationary phase, carrying the samples with it. Components of the sample will separate readily according to how strongly they adsorb onto the stationary phase versus how readily they dissolve in the mobile phase.

The retention factor (R_f) may be defined as the ratio of the distance traveled by the substance to the distance traveled by the solvent. To calculate the R_f value, take the distance traveled by the substance divided by the distance traveled by the solvent .

For example, if a compound travels 2.1 cm and the solvent front travels 2.8 cm, (2.1/2.8) the R_f value = 0.75.

Apparatus and Reagentts

Apparatus:

Culture dish (12cm)	
Capillary tube	3
Electric hair dryer	1
Culture dish	1
Pencil	1
Separating funnel	1
Filter paper	1
Blade	1

Reagentts:

Sample:

0.5% Lysine aqueous solution
0.5% Leucine aqueous solution
Lysine and leucine mixture (1:1)

developing solvent:

glacial acetic acid	5mL
Water	15mL
Butyl alcohol	20mL

After mixing, abandon the water

Chromogenic agent:

0. 1% ninhydrin hydrate in n-butyl alcohol

Experimental Procedure

(1) Roll a small filter paper into the shape of cylinder , insert it into the hole of the round filter paper. Mark four spots which distance the center of the round filter paper are 1cm by pencil.

(2) Place a spot of the sample solution on the filter paper, using a capillary tube to apply the spot(No. 1:0.5% lysine solution; No. 3:0.5% leucine solution; No. 2&No. 4:mixture of lysine and leucine.) .

The spots should be 3mm in diameter. Allow the spots to dry. After this time , place the sample solution on the filter paper like before again, and allow them to dry.

(3) Place the cylinder paper on the small culture dish, and place it on a big culture dish. Cover another big culture dish on it.

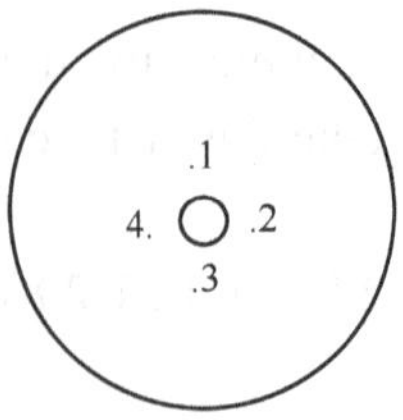

(4) Allow solvent to develop to within about 6cm of the center of filter paper, and then, remove the filter paper. Mark the top of the solvent by pencil, and allow it to dry by electric hair dryer.

Spray the chromogenic agent on the filter paper, allow it to dry. The spots will be colorful.

(5) Calculate the R_f value of the samples. Identify the amino acid.

Experiment 8 Nature Experimen Ⅰ

Alcohol and Phenol

1. The Generation of Glycerin Copper

3 drops of 0. 2 mol/L $CuSO_4$ and 3 drops of 0. 2 mol/L NaOH solution are added to the test tube, as a result, the blue precipitate $Cu(OH)_2$ appeares. Then add 1 drop glycerin and shake, the precipitate dissolved and the deep blue glycerin copper solution appeares.

2. The Nature of Phenol

(1) Two test tubes with the same amount of phenol (test tube A and B) , then 2 mol/L NaOH is dropwise added into test tube A with proper shaking until the phenol is completely dissolve. On the contrary, test tube B with the same amount of pure water and the phenol is not completely dissolved. Then 2 mol/L H_2SO_4 is added to the test tube A with dissolved phenol to obtain emulsion phenol.

(2) 1 drop of 1% $FeCl_3$ is added to the test tube B (aqueous phenol solution) , the solution turns purple.

(3) Place 1 drop of phenol aqueous solution on a piece of glass plate, then add 1 drop of saturated Br_2 water to it, then the white precipitate will appear.

Aldehydes and ketones

1. Preparation of Formaldehyde by Oxidation of Methanol

Add 4 drops of methanol to a tube, burn the spiral copper wire with gas lamp to red. Remove the copper wire from the flame, the surface of copper wire is oxidized and becomes dark CuO, and insert it into the test tube immediately, make sure the copper wire close to the surface of methanol liquid level, but do not contact with methanol solution. Meanwhile we could see shiny metal copper, this is due to the black oxidized copper was restored. While the shiny copper is hot, pull the copper wire rapidly to the tube mouth in order to be fully exposed to the air. As a result, the copper is oxidized again and becomes dark CuO, So for 2—3 times, the formaldehyde irritating smell can be smelled in the tube. To do this reaction with alcohol.

2. Reaction of Aldehyde with Tollens Reagent

Add 2 drops of 0. 2mol/L $AgNO_3$ solution to a clean test tube, then add enough 2mol/L ammonia to dissolve the generated Ag_2O. Silver-ammonia solution is obtained。

Add 4 drops of 40% formaldehyde solution into silver-ammonia solution, mixing, place for a moment. If there is no change, the test tube can be warmed in the palm or a warm bath for two minutes, then silver mirror will appear.

3. Reaction of Aldehyde with Fehling's Reagent

Add 10 drops of Fehling's reagent A to a test tube, and mix with the same amount of Fehling reagent B, then add 1—2 drops of 40% formaldehyde liquid with sufficient shacking, boiling water bath heating to get red precipitate (Cu_2O). Pure Cu would be generate if excessive aldehyde is added,

4. Addition Reaction of Acetone with $NaHSO_3$

Add 10 drops of saturated $NaHSO_3$ solution to a small test tube, then add 6 drops of acetone. Place for a moment, heat release, and crystalline precipitate of acetone and $NaHSO_3$ appears rapidly. Observe the crystal by a microscope (rinse precipitation with saturated $NaHSO_3$ solution) .

5. The Condensation Reaction of Carbonyl Group with Phenylhydrazine

The carboxyl group of aldehyde or ketone can react with phenylhydrazine, lose a molecule of water and generate the difficult soluble a aldehyde (or ketone) phenylhydrazone. Phenylhydrazine can be used to identify aldehydes (or ketones) .

(1) Condensation of Phenylhydrazine with Aromatic Aldehydes, Ketones

Add 0. 1g phenylhydrazine hydrochloride crystallization and 0. 2g of sodium acetate to a test tube, then add 2-3mL water to dissolve. Insoluble substance is required to be filtered out. Add 1 drop of benzaldehyde to a transparent solution and stirring well. Inclusion complex may be the raw of benzaldehyde was wrapped in reaction product (benzaldehyde phenylhydrazone) . Break up them and observe Phenylhydrazine crystallization.

(2) The Condensation Reaction of 2, 4-DNPH with Formaldehyde and Ketones

Add 5 drops of dinitrophenyl hydrazine hydrochloride to 5—6 drops of acetone (or other aldehydes and ketones) , then heat to boiling. After cooling, there is crystallization precipitation, observe the crystal by the microscope. Write the reaction equation.

6. Preparation of Iodoform Reaction

(1) Preparation of Iodoform

Add 10 drops of 40% acetaldehyde, acetone, 95% ethanol and isopropyl alcohol to four test tubes, 2mL(about 25 drops) of iodine, potassium iodide solution is added to four tubes respectively[Note 1], and then add drops of the 2 mol/L sodium hydroxide until iodine color disappears. Yellow precipitate can be obtained in all of the four test tubes. Smell the products. for 40% formaldehyde, according to the steps above and observe whether form yellow precipitate again.

(2) Examination of Iodoform Crystallization

Add 4 drops of 95% ethanol[Note 2] and 3 drops of iodine potassium iodide solution to a small test tube, and then add 10 drops of 2 mol / L sodium hydroxide. Heat up slowly to the color of the iodine disappeared. Place for a moment and make it cool naturally to room temperature, then yellow iodoform crystallization is formed (Friction with a glass rod to the tube in order to promote the crystal formation) . Take few drops of iodoform crystal on the slide and observe the crystal by low magnification.

Caution:

Note 1. iodine formula: Dissolve 25 grams of potassium iodide into 100 mL of water, and then dissolve 12. 5 grams of iodine.

Note 2. Since iodoform is soluble in ethanol, acetone and other organic solvents, the dosage of the experiment do not too much, or the precipitation will be reduced.

7. Condensation Reaction of Acetaldehyde Aldol

Add 5 drops of 40% acetaldehyde solution to 1mL of 2mol/L sodium hydroxide and heated in water bath with blending. The color of the solution gradually becomes darker brown and viscous product of the polycondensation is generated.

Carboxylic Acids and Their Derivatives

1. Preparation of Isoamyl Acetate

Add 6 drops of acetic acid and 3 drops of isopentanol to a dry test tube, and add 2 drops of concentrated sulfuric acid carefully, shaking and heated in boiling water bath for 1—2 minutes and then send out a pear smell of isopentyl ethanoate. Add 10 drops of water to the reactions, shake gently, pour them in a small beaker with cool water. Impurities dissolve in water, while the ester does not but floats on the surface, sniff its smell.

2. Synthesis of Pyruvic Acid by Oxidation of Lactic Acid.

20 drops (1g) of lactic acid are neutralized by 2 mol/L NaOH in a 125 mL Erlenmeyer flask (pH$>$7) , after that, add 20mL 5% $KMnO_4$ in the flask. Heat to boiling and the pyruvic acid is product. Filter to remove the precipitate MnO_2, and add 3—4 drops acetic acid to the filterate, then to the solution add a few drops of phenylhydrazine acetate. Shaking for several minutes and the precipitate phenylhydrazone can be obtained.

3. Oxidation of Lactic Acid and Decarboxylation of Pyruvic Acid

Add 10 drops of lactic acid and 10 drops of $KMnO_4$ solution to a test tube with side tube. Seal the tube tightly and heat the solution in water bath. To make the formed gas passes through the calcareous water, and check if the gas is CO_2. Then move away the tube from the water bath, take off the stopper, smell carefully.

4. Reaction of Salicylic Acid with $FeCl_3$

Add 1—2 drops of $FeCl_3$ to 10 drops of salicylic acid to obtain the purple color solution, which indicates the existence of hydroxyl phenol.

5. Ethyl Acetoacetate

Mix 2mL water and a drop of ethyl acetoacetate in a test tube. Shake and obtain ethyl acetoacetate aqueous solution. 0. 1mol/L $FeCl_3$ is added to the solution and purple color should be obtained. To the purple solution add a drop of saturated bromine water, the purple disappears soon. A few minutes later, the purple color reappears to indicate the existence of enol.

Experiment 9 Nature Experimen Ⅱ

Experiments of Carbohydrates

1. The Reaction of Saccharides and Tollens' Reagent—Silver Mirror Reaction

Add 1mL (about 20 drops) 0. 2 mol/L $AgNO_3$ to a test tube, add 2 mol/L $NH_3 \cdot H_2O$ to the solution until the precipitate dissolves completely. Divide this solution into five test tubes and then add five different kinds of sugar solution by equal volume of 2% to these corresponding tubes:

(1) glucose (2) fructose (3) maltose (4) lactose (5) sucrose

Heat these solutions in water bath for several minutes (not too long!) and observe the phenomena, then explain the reasons for different results.

2. The Reaction of Saccharides and Fehling Reagent

Add 20 drops of Fehling's reagent A and 20 drops of Fehling's reagent B to a test tube, mix them completely and then divide the solution into 5 test tubes, add equal volume of 2% sugar solution to these tubes separately (the same order as the above), observe the phenomena after heating them in water bath.

3. The Reaction of Saccharides and Benedict's Reagent

Take a small amount (about 10 drops) of Benedict's reagent into five test tubes separately, then add variety of sugar solutions into the tubes in sequence. Heat them in water bath and observe the phenomena.

4. The Formation of Osazone

Add 10 drops of phenyl hydrazine chloride and 10 drops of NaAc to a beaker, then add 10mL deionized water to dissolve them. It can be heated slightly if necessary. Filtrate the solution after the solids are dissolved completely. Separate the filtrate into several portions with five test tubes and then add 1mL of (about 5 drops) variety of 5% sugar solution into the each tube in sequence. Heat the solutions in boiling water for 30 minutes (disaccharide osazone dissolved in hot water, in can precipitate until solution becomes cool). Take them out and observe the crystal form of the osazones when the solution cools down.

5. Conversion of Sucrose

Add 10 drops of sucrose to two test tubes respectively, add 2 mol/L hydrochloric acid 4 drops into one of them. Put the two test tubes in boiling water for 1—2 minutes, add 1 mol/L $NaCO_3$ until the solutions turn to be alkaline, add 10 drops of Benedict reagent into the two tubes separately, and then heat them in water bath again, observe the differences between the two solutions.

Experiment of Nitrogen Compounds

1. Chemical Property of Aniline

(1) Basicity and salification of aniline. Add 1mL (about 20 drops) deionized water to a

test tube, add 4 drops of aniline, shake the tube and observe the dissolution of aniline. Add 1—2 drops of aniline until it cannot dissolve any more, test the basicity of the solution with pH paper. Add several drops of 2 mol/L HCl into the tube, then you will find that the aniline dissolves. Add 2 mol/L NaOH into the solution after it becomes basic, the aniline appears again.

(2) Diazotization of aniline. Add 3 drops pure aniline and 25 drops of 2 mol/L hydrochloric acid to a test tube, cool the solution to 5℃ in ice water and maintain the temperature. Add 0.5mol/L $NaNO_2$ solution which has been cooled below 5℃ with burette dropwise. After every drops of $NaNO_2$ is added, dip a drop of reaction solution on the KI-starch test paper with glass rod until the paper becomes blue clearly to ensure the completion of the reaction. Typically, about 18—25 drops of $NaNO_2$ solution are needed for this reaction. Keep the solution at low temperature to preserve for the following reaction of diazonium salt involved in the experiments. Write out related reaction equations.

2. Reactions of Diazo Salt

(1) Diazo Salt Generates Phenol by Releasing N_2: Take part(about 1/3) of diazo salt which is prepared before, heat it slowly until gas releasing, move it away from heat source, the solution go on releasing N_2 and generate oily droplets which is phenol(Due to the presence of inclusions, oily droplets often show black). Sniff the smell or put bromine water into the solution to test the phenol. Write out the related reaction equations.

(2) Coupling Reaction of Diazo Salt:

A. Preparation of Dimethyl Yellow: Add 5 drops of dimethylaminobenzene hydrochloride (muriate) , add 5 drops of diazobenzene muriate, then add saturated NaAc solution until yellow precipitate appears.

Add 3 mol/L HCl to the dimethyl yellow solution and its color turns to red. Then add 3mol/L NaOH to make it turn to yellow. Dimethyl yellow is also a indicator which changes color in the range of pH2.9(red) —pH4.0(yellow) .

B. Preparation of aniline orange: Take 1 drop of basic solution of naphthol to a test tube, add 2 drops of diazobenzene muriate slowly until orange precipitate appears.

3. Chemical properties of urea

(1) Add 5 drops of urea and 5 drops of 0.5 mol/L $NaNO_2$ solution to 1mL 2mol/L HCl solution, you will observe gas releasing.

(2) Biurea reaction: Take a few of solid urea into a dry test tube, heat it with tiny flame (about 150℃) to boil carefully, the urea begins to melt and then releases ammonia gas (sniff the smell and test it by red litmus paper) , continue to heat it until the melt begins to coagulate. Cool down, add 1mL diluted NaOH solution, shake the test tube to accelerate the solution of the solid, then add 0.1% $CuSO_4$ solution, the solution in the tube turns to fuchsia .

(钟 阳)

参 考 文 献

龙盛京. 2007. 有机化学实验教程. 北京：高等教育出版社
夏阳. 2011. 有机化学实验. 北京：科学出版社
夏阳. 2014. 有机化学实验. 2 版. 北京：科学出版社
袁华，尹传奇. 2008. 有机化学实验. 北京：化学工业出版社

附　　录

附录1　性质实验中部分试剂的配制方法

醇和酚的实验

（1）0.1mol/L $CuSO_4$: 25g $CuSO_4 \cdot 5H_2O$ 加水到 1000mL 。

（2）2mol/L NaOH：80g NaOH 加水到 1000mL 。

（3）甘油。

（4）1mol/L H_2SO_4：98% H_2SO_4 稀释 18 倍。

（5）苯酚加水至不溶。

（6）0.1% $FeCl_3$：10g $FeCl_3$ 加水至 1000mL 。

（7）饱和溴水：16mL 溴加 H_2O 至 1000mL 。

醛和酮的实验

（1）甲醇原液。

（2）0.2mol/L $AgNO_3$：34g+H_2O 至 1000mL 。

（3）2mol/L 氨水：氨水原液稀释 7.5 倍。

（4）40%甲醛。

（5）斐林试剂。

斐林 A：把 34.64g 纯硫酸铜结晶（$CuSO_4 \cdot 5H_2O$)溶解于 500mL 水中。

斐林 B：先把 173 克酒石酸钾钠溶解在 15～20mL 水中，加入 65g 氢氧化钠，用水稀释成 500mL 。

溶液 A 和 B 必须分瓶保存，用时取等体积混合，否则容易发生分解作用。

（6）2,4-二硝基苯肼：1g 称 2,4-二硝基苯肼+7.5mL 98% H_2SO_4+75mL 无水乙醇再加水至 250mL 。

（7）40%乙醛原液。

（8）丙酮原液。

（9）95%乙醇原液。

（10）异丙醇原液。

（11）碘液：25g I_2+H_2O 100mL+12.5g KI 。

羧酸和羧酸衍生物的实验

（1）冰醋酸原液。

（2）异戊醇。

（3）98% H_2SO_4 原液。

（4）乳酸原液。

（5）5% $KMnO_4$：5g+H_2O→100mL。

（6）石灰水。

（7）1%水杨酸：1g+50mL 95%乙醇+H_2O 50mL。

（8）乙酰乙酸乙酯原液。

碳水化合物实验

（1）5%糖：糖 5g 加 100mL H_2O。

（2）斐林试剂同前。

（3）班氏试剂的配法：取 86.5g（$2Na_3C_6H_5O_7 \cdot 2H_2O$）及 50g 无水碳酸钠，一同溶于 350mL 热水中。另取 8.65g 硫酸铜（$CuSO4 \cdot 5H_2O$）溶于 50mL 水中，将此二溶液倒在一起，不断搅拌。最后加水至 500mL 即成。如混浊不清应过滤。

（4）苯肼醋酸钠的配制：苯肼盐酸盐∶醋酸钠∶H_2O=1∶2∶10，微热助溶，完全溶解后，过滤、密封避光保存同时取上清。

（5）0.1%淀粉糊：取淀粉 2g 加入 100mL H_2O 溶解之，逐滴加入 1500mL 沸水中，再稀释加水至 2000mL 为准。

含氮有机化合物的实验

（1）苯胺：原液（不要颜色的）。

（2）2mol/L HCl：盐酸原液稀释 6 倍。

（3）0.5mol/L $NaNO_2$：取 34.5g $NaNO_2$ 加 100mL H_2O 溶解，再加 H_2O 稀至 1000mL。

（4）饱和醋酸钠：用 8000mL 烧杯取 1000mL H_2O，不断的加入醋酸钠固体并溶解之（常温下），当醋酸钠加至不再溶解为止。

（5）β-萘酚碱溶液；每 100mL 10% NaOH 溶液加入 6g β-萘酚。

（6）二甲氨基苯盐酸盐：二甲氨基苯∶盐酸＝2∶3。

（刘玉艳）